＼ サクッとうかる ／

社会福祉法人
経営実務検定試験

厚生労働省後援

入門

公式
テキスト&トレーニング

第2版

桑原知之

JN102409

Ⓢネットスクール出版

はじめに

本書を手に取ったみなさんは、いいところに目を付けられましたね。

社会福祉法人における会計処理や経営管理を学習範囲とするこの試験は、その内容の社会的重要性から2022年度に厚生労働省の後援を得るに至りました。

保育から介護に至るまで、あらゆる場面での社会福祉の担い手である社会福祉法人の、会計はもとより経営までも学ぶ『社会福祉法人経営実務検定試験』は、今後、ますます注目され、評価されていくものと思われます。

～社会福祉法人で働く皆様へ～

社会福祉法人に勤めると、最初は現場で働くことが多いかと思われます。

しかしそんな中でよく見ると、ご自身の退職給付制度や、介護保険制度、さらには施設自体への補助金制度など、**行政から手厚く保護されている**ことに気づかれるのではないでしょうか。

誰しも肉体労働的に働くには限界があります。

今は肉体労働的に働いていても、この資格に合格し実力をつけ、いつしか、**社会福祉法人の経営の一翼を担える存在になっていく**というのも良い生き方ではないでしょうか。

～簿記を学んだ皆様へ～

　簿記会計のルールは、産業分野ごとの実態に則して若干異なります。つまり、一般簿記との違いを理解すれば「その分野の会計スペシャリストになれる」ことを意味しています。

　社会福祉法人は、全国で 21,000 法人（施設数は約 8 万施設）ほどあり、携わる人も多ければ、お世話になる人はもっと多いのが特徴です。**この分野に就転職される方は絶対に取っておくべき資格**ですし、将来お世話になる方も知っておいて損はない知識でしょう。

　また、この『**社会福祉法人経営実務検定試験**』は厚生労働省の後援を得たことにより、社会福祉法人での認知も高まり、高い評価を得るようになることは確実です。

　社会福祉法人会計では、資金の範囲や基本金の扱いなど、一般簿記と異なる点もありますが、**基本的な簿記の考え方はまったく変わりません。**

　この機会に社会福祉法人会計を学び、自分自身の価値を高めておいてはいかがでしょうか。

　「**日商簿記検定試験**」の受験後に「**社会福祉法人経営実務検定試験**」を受験するさいの目安となる級を示すと次のようになります。

日商簿記検定試験後に受験する社会福祉法人経営実務検定試験

日商簿記検定試験	社会福祉法人　経営実務検定試験	
日商簿記1級　―――▶	会計1級	経営管理
日商簿記2級　―――▶	会計2級	
日商簿記3級　―――▶	会計3級	
	入　門※	

※入門の試験には、ガバナンスに関する初歩的な内容も含まれています。

ネットスクール　桑原　知之

社会福祉法人経営実務検定試験 入門のプロフィール

社会福祉法人経営実務検定試験入門とは

　社会福祉法人経営実務検定試験とは、社会福祉法人会計に携わる人々が、業務に必要な知識を学ぶことができる試験です。

　その中の入門は、2022年12月からの新試験制度導入にあたり、新たに新設された科目です。職種等に係わらず、社会福祉法人の業務に携わる全ての方を対象として、社会福祉法人の制度及び会計について、その基礎的な内容を出題範囲とする試験です。

　入門を入り口として、その後に会計分野や経営管理分野へと学習をすすめていくことをお勧めします。

受験資格・試験日など

　受験資格：男女の別、年齢、学歴、国籍等の制限なく誰でも受けられる。

　試験日：年間1回／12月実施（入門のみ年間2回／7月・12月実施）

　試験時間：午前9時30分から10時30分までの60分間

　大問数：5問

　受験料：2,200円（税込）

　合格基準：100点を満点とし、70点以上。

　　　　　　ただし、大問のうち1つでも0点がある場合は不合格となる。

　出題範囲：出題範囲は一般財団法人総合福祉研究会のホームページをご確認ください。

　　　　　　【URL　https://www.sofukuken.gr.jp/】

社会福祉法人経営実務マイスター制度

　2022年度から、新しい試験制度でスタートする「社会福祉法人経営実務検定試験」（旧 社会福祉会計簿記認定試験）では、「**会計1級**」と「**経営管理**」の2科目に合格すると「**社会福祉法人経営実務マイスター**」の称号が付与されます。

　平成28年（2016年）の社会福祉法改正により、社会福祉法人にはより一層のガバナンス強化が求められることとなりました。そこで、新試験制度では会計分野に加えて、新たにガバナンス分野も出題範囲とされたのです。

　社会福祉法人の次世代を担う経営者候補として、ぜひ社会福祉法人経営実務マイスターを目指して頑張ってみませんか？

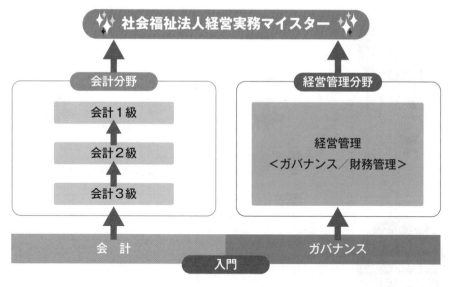

みんなでマイスターにチャレンジしよう！

頑張ります！！

内容理解はこの１冊でOK！

図表やイラストをふんだんに使って、読みやすくしました。

また、『Point』や『超重要』などで、学習の要点が一目でわかるようになっています。

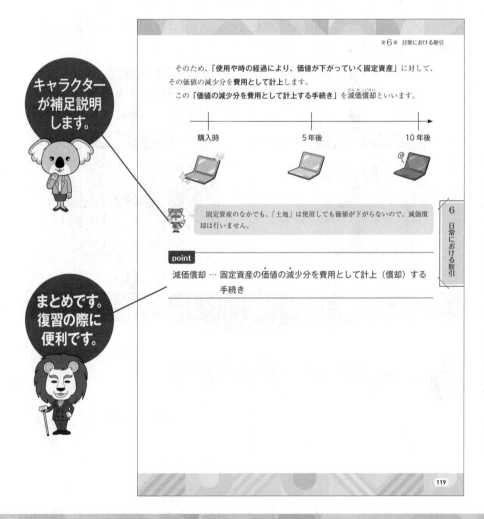

キャラクターが補足説明します。

まとめです。復習の際に便利です。

（図版内）

第6章 日常における取引

そのため、「使用や時の経過により、価値が下がっていく固定資産」に対して、その価値の減少分を**費用として計上**します。

この「**価値の減少分を費用として計上する手続き**」を減価償却といいます。

購入時　　　　　　　5年後　　　　　　　10年後

固定資産のなかでも、「土地」は使用しても価値が下がらないので、減価償却は行いません。

point

減価償却 … 固定資産の価値の減少分を費用として計上（償却）する手続き

6
日常における取引

119

カバー裏もチェック！

　本書のカバー裏には、「重要ポイント集」として、重要な用語や法令を掲載しています。取り外して持ち歩いたり、机の前に貼るなどして、学習にお役立てください。

　※必要に応じてコピーなどをされることをお勧めします。

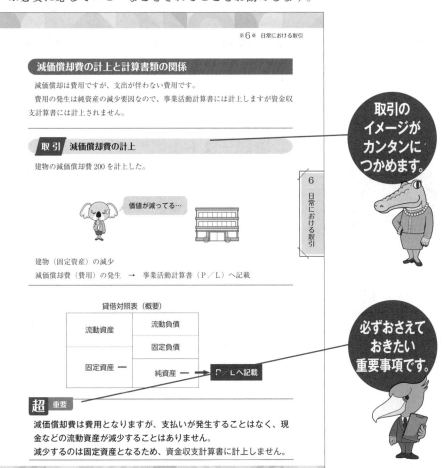

理解のためのツーステップ式！

「初回のアウトプットはインプットのうち」と言われています。

つまり、学習は、「アウトプット（確認テストを解くこと）をしないとインプット（知識習得）は完了しない」ということを意味しています。そこで、基本知識を学んだらすぐに確認テストを解きましょう。

テキスト ＋ 確認テスト

確認テストは、テキストの復習が中心です。問題を解いたら必ず解説をお読みください。

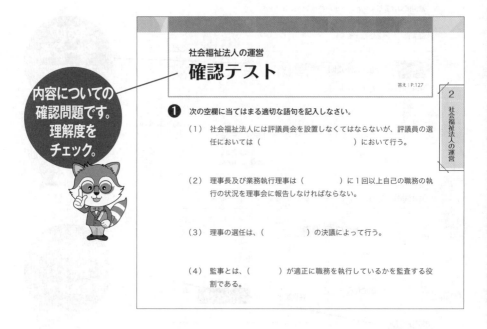

内容についての確認問題です。理解度をチェック。

社会福祉法人の運営
確認テスト
答え：P.127

❶ 次の空欄に当てはまる適切な語句を記入しなさい。

（1）社会福祉法人には評議員会を設置しなくてはならないが、評議員の選任においては（　　　　　　　　　　　　）において行う。

（2）理事長及び業務執行理事は（　　　　）に１回以上自己の職務の執行の状況を理事会に報告しなければならない。

（3）理事の選任は、（　　　　）の決議によって行う。

（4）監事とは、（　　　　）が適正に職務を執行しているかを監査する役割である。

2 社会福祉法人の運営

サンプル問題を使って実力を把握！

テキストと確認テストで学んだ知識を確認し、一通り学習が終わったら、サンプル問題に挑戦してみましょう。

CONTENTS

ガバナンス編

第1章 社会福祉事業と社会福祉法人

第2章 社会福祉法人の運営

第3章 社会福祉法人の課税制度

第1章

社会福祉事業と社会福祉法人

❶ 社会福祉法人とは
❷ 社会福祉事業と公益事業、収益事業
❸ 社会福祉法人制度の変遷

皆さんのまわりに老人ホームはありませんか？

また、その老人ホームの種類は何ですか？

多くの方は、「えっ、老人ホームに種類があるの？」と思われることでしょう。

実は老人ホームにはさまざまな種類があり、その中に、国や地方公共団体、そして『社会福祉法人』にしか運営できない「特別養護老人ホーム」があります。

社会福祉法人は営利を追及する民間企業とは異なり、国や地方公共団体からの補助金や、寄附金を基に運営されています。もし、社会福祉法人が補助金や寄附金を使って、先物に投機などして損失を計上し倒産してしまったら、利用者は大迷惑です。

このようなことにならないように、社会福祉法人には、資金支出の透明性や、倒産しないような財政基盤の強化が求められています。

1 社会福祉法人とは

社会福祉法人とは

社会福祉事業を行うことを目的として設立された法人を、社会福祉法人といいます。

（社会福祉法　第22条　定義）

また、社会福祉事業は「社会福祉を目的とする事業のうち、規制と助成を通じて公明かつ適正な実施の確保が図られなければならない事業」であり、利用者の保護の必要性が高い**第一種社会福祉事業**と、第一種社会福祉事業よりも比較的利用者保護の必要性が低い**第二種社会福祉事業**があります。

（社会福祉法　第2条　定義）

社会福祉法人の設立には、社会福祉法の要件を満たす必要があります。

社会福祉法人の規制と優遇措置

社会福祉法人にはさまざまな**規制**が課せられています。

例えば、設立時の所轄庁（主たる事務所の所在地の都道府県知事等）の認可要件であったり、解散時の残余財産の帰属先が国等に制限されていたりすることです。

一方で社会福祉法人には、税金などのさまざまな面で**優遇措置**が認められています。

社会福祉法人がこれらの優遇措置を受けられる理由は、社会福祉事業の**公益性の高さ**にあります。「安定した福祉サービスを継続して提供するため」には、社会福祉法人の財政基盤が安定していることが重要なので、さまざまな優遇措置が認められているのです。

社会福祉法人に対する優遇措置は、これらの規制をしっかりと遵守していることが大前提なのです。

社会福祉法人に対する規制と優遇措置

【社会福祉法人に対する規制】

・事業を実施するために供された財産はその法人の所有となり、持分は認められない。

・事業を廃止した場合の残余財産は、定款に定めた他の社会福祉事業を行う者に帰属する。なお、前述により処分されない場合には、国庫に帰属する。

・資産保有、組織運営のあり方に一定の要件がある。

・収益事業からの収益は、社会福祉事業又は一部の公益事業のみに充当する。

・法令、法令に基づく処分、定款に違反するか、又はその運営が著しく適正を欠く場合には、所轄庁による措置命令、業務停止命令、役員解職勧告、解散命令等を受ける。

　また、補助金等を受けた場合には、これに加え、不適当な予算の変更勧告、役員の解職勧告等を受ける。

【社会福祉法人に対する優遇措置（例）】

・社会福祉法人による施設整備に対し、一定額が補助される。

・**法人税、固定資産税、寄附税制等について税制上の優遇措置が講じられている。**

・社会福祉法人の経営する社会福祉施設の職員等を対象とした退職手当共済制度が設けられている。

厚生労働省ＨＰより抜粋

「規制」と「優遇措置」は一対なのですね。

2 社会福祉事業と公益事業、収益事業

社会福祉事業とは

　社会福祉法人が行う社会福祉事業には、社会福祉法で定められた**第一種社会福祉事業**と**第二種社会福祉事業**があります。

　第一種社会福祉事業は、経営が安定している必要があるので、都道府県知事などによる指導・監督を受け、原則として国や地方公共団体と社会福祉法人にしか経営することができません。

　他方、**第二種社会福祉事業**には、このような制約がないため、株式会社などでも行うことができますが、都道府県知事（指定都市市長または中核市市長）への届け出が必要です。

（社会福祉法　第2条　定義）

> 第一種は主に入所施設です。
> 第二種は主に在宅サービスや通所施設です。

公益事業、収益事業とは

　社会福祉法人は、**主たる事業である社会福祉事業に支障がない限り**、公益事業や収益事業を行うことができます。

　公益事業とは、社会福祉と関係のある公益を目的として行う事業であり、その収益は社会福祉事業又は公益事業に充てなければなりません。

　収益事業とは一般の企業と同様に、事業の種類に特別の制限はありませんが、法人の社会的信用を傷つけるおそれがあるもの又は投機的なものは適当でないとされています。

（社会福祉法　第26条　公益事業及び収益事業）

point

社会福祉事業

一種	二種
・特別養護老人ホーム ・児童養護施設 ・障害者支援施設 ・救護施設 等	・保育所 ・訪問介護 ・デイサービス ・ショートステイ 等

利用者の保護を行う施設を運営
＜経営主体＞
国または地方公共団体及び**社会福祉法人**に限定

在宅生活を支えるサービスを行う
＜経営主体＞
制限はありません。

公益事業

・子育て支援事業
・入浴、排せつ、食事等の支援事業
・介護予防事業、有料老人ホーム、老人保健施設の経営
・人材育成事業
・行政や事業者等の連絡調整事業

収益事業

・貸ビル、駐車場、公共的な施設内の売店の経営

社会福祉の種類と分野

　社会福祉制度は自分の力では解決が難しい状況に置かれている社会的に立場が弱い人たち（高齢者、児童、障害者など）を対象として行われる**社会的な支援制度**です。

　社会福祉制度の主な対象分野、種類には「**高齢者福祉制度**」「**障害者福祉制度**」「**児童福祉制度**」などがあります。

　　・**高齢者福祉制度**：特別養護老人ホームなど
　　・**障害者福祉制度**：障害者自立支援のための職業訓練など
　　・**児 童 福 祉 制 度**：乳児院　児童養護施設　保育所など

3 社会福祉法人制度の変遷

基礎的な知識として、1951（昭和26）年に社会福祉事業法（現在の社会福祉法）が制定されてから現在に至るまでの法制度、会計制度の変遷を見ておきましょう。

 1951（昭和26）年：社会福祉事業法の施行

社会福祉事業として、行政が公的責任において、ニーズの判定、サービスの提供内容、費用負担などを決定し、社会福祉法人などに委託して、社会福祉サービスの利用者にサービスを給付する**措置委託制度**が採用されました。

◈◈◈

社会福祉法人は、公金を受け入れて運営を行うことから収支を明確にする必要があり（目的外支出は厳禁）、単式簿記による収支報告が重視されていました。

point

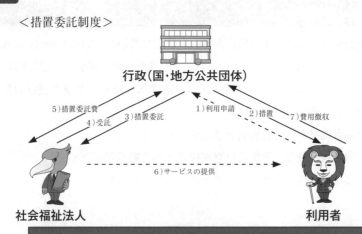

＜措置委託制度＞

行政（国・地方公共団体）

5）措置委託費　　4）受託　　3）措置委託　　1）利用申請　　2）措置　　7）費用徴収

6）サービスの提供

社会福祉法人　　　　　　　　　　　**利用者**

サービス決定権と責任は行政にあるため非競争、非効率、非選択性

この時代は、経営努力をしてサービスの利用者を獲得する必要はありませんでした。

1976（昭和 51）年：経理規程準則の制定

　複式簿記の導入により、**貸借対照表、（資金）収支計算書**の財務 2 表の作成が要求されるようになりました。

 2000（平成 12）年：介護保険制度の導入

　これまでの措置委託制度に代えて、**出来高請求**（サービスを提供した毎日の実績を保険に請求する）介護保険制度が導入されるとともに、「**経理規程準則**」が改定され、**旧会計基準**が制定されました。

　旧会計基準により、**減価償却制度が導入**されるとともに、貸借対照表、（資金）収支計算書に加え、**事業活動収支計算書（現在の事業活動計算書）**の作成が要求されるようになりました。

　競争原理が働く中、経営努力をして、より良いサービスを提供しないと利用者を獲得できない状況となりました。

 2011（平成 23）年：新会計基準公表（強制施行は 2015 年）

　これまで、旧会計基準以外に施設の種類に合わせたさまざまな会計基準が存在していたのを、**新会計基準に一本化**し、資金の増減や事業活動の採算の比較ができるようになりました。

　一般企業の会計で導入されている会計処理（1 年基準、リース会計、減損会計、税効果会計など）も導入され、一般企業との比較も容易になりました。

2016(平成28)年：社会福祉法の大改正

　経営組織の見直し、事業運営の透明性の向上、財務規律の強化などが行われるとともに、新会計基準となる『社会福祉法人会計基準』が厚生労働省令として交付されました。

　自法人のホームページやＷＡＭＮＥＴ（ワムネット）による公表制度が導入されました。

　法令化により、違反した場合は法令違反となります。
　また、ＷＡＭＮＥＴでは、ほぼすべての社会福祉法人の決算書が閲覧できます。

　この後も改正は行われ、2020年には、社会福祉法人の大規模化を促す「合併・事業譲渡等マニュアル」も公表されています。

社会福祉事業と社会福祉法人
確認テスト

❶ 次の空欄に当てはまる適切な語句を記入しなさい。

（1） 「社会福祉法人」とは、（　　　　　　　　　　） を行うことを目的として、
（　　　　　　　　　） の定めるところにより設立された法人をいう。

（2） 社会福祉法人は、その経営する社会福祉事業に支障がない限り、
（　　　　　　　） や （　　　　　　　　） を行うことができる。

（3） （　　　　　　　　　　　） には、利用者の保護の必要性が高く、主に入所
施設などを運営する （　　　　　　　　　　　　　　） と、それよりも利用
者の保護の必要性が低く、主に通所施設や在宅サービスを運営する
（　　　　　　　　　　　　　　） がある。

深刻な 2040 年問題……

「2040 年問題」という言葉をご存じでしょうか？

少子高齢化が進み、2040 年には 65 歳以上の高齢者が 4,000 万人近くに達する見込みとなり、全人口の約 36％が高齢者ということになります。

一方で少子化はどんどん進んでいて、2021 年の出生数は 81 万人であり、ピーク時であった 1970 年代の出生数 200 万人から比較すると半分以下となってしまいました。

この現状を踏まえ、2040 年には

　　　　・社会保障費の財源不足

　　　　・医療、福祉従事者の人材不足

といった深刻な問題が起こると予測されています。これがいわゆる「2040 年問題」なのです。

この問題を解決するための方策の 1 つが「年金改革」です。

健康で元気な高齢者の方々には、積極的に就労を促し、年金を受取る側から納める側になってもらおう、ということですね。

皆さんも、某ハンバーガーショップで元気に働いていらっしゃる高齢者の方々を見かけたことがあるのではないでしょうか？　高齢者の方々がとても楽しそうに活き活きとお仕事をされているのを拝見してびっくりする気持ちと同時に、「自分も長く現役で頑張りたいなぁ……」と思います。

このような背景から、積極的に高齢者の再就職を受け入れている企業がどんどん増えているようです。

人生 100 年時代、そのうち「高齢者」の年齢の定義も変わるかもしれませんね……。

 まだまだ現役だぁ！！

第2章

社会福祉法人の運営

　一般企業では、会社を運営していくために、株主総会や取締役会などそれぞれの権限を持った機関が設置されています。

　社会福祉法人も同様に、法人を運営していくために必要な機関が設置されています。

　この章では、それぞれの機関の位置づけや権限など、社会福祉法人の運営に欠かせないルールを学習します。

4 社会福祉法人の定款

定款とは？

定款とは、社会福祉法人の目的や組織、事業の内容などを定めた根本規則です。一般企業の設立と同様に、社会福祉法人の設立においても、必ず定款を作成しなければなりません。

社会福祉法人を設立する場合は、定款に社会福祉法で規定する事項を定め、厚生労働省で定める手続きに従い、その定款に定めた内容で**所轄庁の認可**を受ける必要があります。

定款の記載事項

定款の記載事項の種類は次の３つがあります。

・必要的記載事項

・相対的記載事項

・任意的記載事項

必要的記載事項とは、**必ず定款に記載しなければならない事項**であり、その１つでも欠けると、定款の効力が生じない事項です。

（社会福祉法第31条1項　申請）

【必要的記載事項】

① 目的

② 名称

③ 社会福祉事業の種類

④ 事業所の所在地

⑤ 評議員及び評議員会に関する事項

⑥ 役員の定数その他役員に関する事項

⑦ 理事会に関する事項

⑧ 会計監査人を置く場合には、これに関する事項

⑨ 資産に関する事項

⑩ 会計に関する事項

⑪ 公益事業を行う場合には、その種類

⑫ 収益事業を行う場合には、その種類

⑬ 解散に関する事項

⑭ 定款の変更に関する事項

⑮ 公告の方法

　　　この15項目のどれか1つでも欠けていると、定款としての効力が生じません。

　相対的記載事項とは、必要的記載事項と異なり、記載がなくても定款の効力に影響はありませんが、法令上、**定款の定めがなければその効力を生じない事項**です。

【相対的記載事項の例】

・補欠として選任された評議員及び役員の任期について

・理事及び監事の報酬等の額

・理事長が欠けた場合の理事会の招集について　等

　任意的記載事項とは、法令に違反しない範囲で任意に記載することができる事項です。

定款の変更

　定款を変更する場合には、評議員会の決議が必要となります。また、設立時と同様に所轄庁の認可を受けなくてはなりません。

　ただし、必要的記載事項のうち下記の項目の変更については**所轄庁への届出のみ**で認可は必要ありません。

④　事務所の所在地

⑨　資産に関する事項（基本財産が増加する場合のみ）

⑮　公告の方法

（社会福祉法　第45条の36　1項2項4項）

定款の備置き及び公表

　社会福祉法人は公益性の高い事業を行っています。従ってその事業の運営の透明性を確保するために**定款の事務所への備置き及びHP等での公表**が義務付けられています。設立時はもちろんの事、定款の変更をした場合も速やかに公表をしなくてはなりません。

（社会福祉法　第34条の2　定款の備置き及び閲覧等）

（社会福祉法　第59条の2　情報の公開等）

5 社会福祉法人の組織

社会福祉法人の組織

　一般企業に取締役や株主、監査役等が存在するのと同じように、社会福祉法人にもさまざまな役員や機関が存在します。

　社会福祉法人はこれらの機関が機能し、互いに連携してそれぞれの役割を果たすことで、継続的かつ安定した社会福祉事業を利用者に提供することができます。

社会福祉法人と株式会社の組織比較

	社会福祉法人	株式会社（参考）
法の根拠	社会福祉法	会社法
目的	非営利目的 社会福祉事業	営利目的 原則制限なし
設立規制	所轄庁（指定都市市長・中核市市長・厚生労働大臣）の認可	公証人による定款の認証
役員選任機関	評議員会	株主総会
代表者	理事長	代表取締役又は取締役
業務執行機関	理事会	取締役会
監査機関	監事	監査役

社会福祉法人の機関と権限

社会福祉法人の各機関とその権限は次のとおりです。

機　関	役　割
①評議員 （員数：**理事の員数を超える数**）	評議員会を構成し、意思決定を行う
②評議員会	経営方針の決定 理事、監事及び会計監査人の選任・解任
③理事 （員数：**6人以上**）	理事会を構成し業務執行の意思決定を行う
④理事会	業務執行の決定 理事の職務執行の監督 理事長の選定及び解職
⑤理事長 （員数：**1人**）	社会福祉法人の代表 業務執行
⑥監事 （員数：**2人以上**）	理事の職務執行の監査 計算書類等の監査
⑦評議員選任・解任委員会	評議員の選任と解任
⑧業務執行理事	（対外的な業務以外の）業務執行
⑨会計監査人 （員数：**原則1人**）	計算書類等の監査 特定社会福祉法人※は必ず設置しなければならない

　①～⑥の機関は社会福祉法に基づき社会福祉法人が必ず設置しなくてはならない機関です。

　⑨の会計監査人は、**特定社会福祉法人**※については設置義務がありますが、その他の社会福祉法人は任意の設定となっています。

> ※特定社会福祉法人とは、前年度決算において収益30億円超又は負債60億円超を計上した法人のことをいいます。

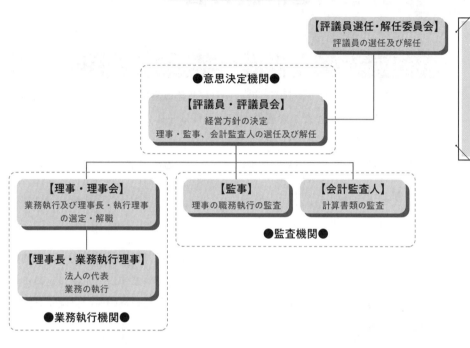

社会福祉法人の経営組織

【評議員選任・解任委員会】
評議員の選任及び解任

●意思決定機関●

【評議員・評議員会】
経営方針の決定
理事・監事、会計監査人の選任及び解任

【理事・理事会】
業務執行及び理事長・執行理事
の選定・解職

【監事】
理事の職務執行の監査

【会計監査人】
計算書類の監査

●監査機関●

【理事長・業務執行理事】
法人の代表
業務の執行

●業務執行機関●

　意思決定機関、業務執行機関、監査機関の3つの機関に権限が分配されることで、内部牽制機能が働きます。

6 評議員と評議員会

評議員の選任及び解任

定款で定める方法として、評議員の選任及び解任は**評議員選任・解任委員会**の決議により行われます。また、評議員の資格要件は「社会福祉法人の適正な運営に必要な識見を有する者」とされています。

評議員の員数は、定款で定めた**理事の員数を超える数**でなくてはなりません。

社会福祉法では、理事の員数は**6人以上**と定められていますので、評議員は**7人以上**選任する必要があります。

評議員の任期は、原則として「**選任後4年以内に終了する事業年度のうち最終のものに関する定時評議員会の終結の時まで**」とされていますが、定款に定めることによって「**選任後6年以内に終了する事業年度のうち最終のものに関する定時評議員会の終結の時まで**」伸長することもできます。

評議員会の役割

評議員会は全ての評議員により組織され、理事や監事、会計監査人の選任及び解任、計算書類の承認、定款の変更といった**社会福祉法人の重要事項について決議する権限を持つ意思決定機関**です。

評議員会を招集するためには、各評議員に書面または電磁的方法（電子メールなど）で通知をしなければなりません。通知は**理事会の決議**により評議員会の日時及び場所などを定め、**評議員会の1週間前（中7日前）**までに理事が行う必要があります。

通知については、定款で1週間前を下回るものとして定めた場合にはその期間の前まで、とすることもできます。

　なお、定時評議員会は、毎会計年度の終了後3ヶ月以内に開催しなくてはなりません。また、必要がある場合には臨時評議員会をいつでも招集できます。

普通決議と特別決議

　評議員会では、社会福祉法に規定する事項及び定款で定めた事項についての決議を行います。

　評議員会で決議を行うためには、議決に加わることができる評議員の過半数の出席が必要です。ただし、当該決議に特別の利害関係を有する評議員は決議に加わることができません。

　評議員会の出席者の過半数の賛成をもって行う決議を「普通決議」といいますが、より重要な決議を行うためには「特別決議」が必要です。

　「特別決議」は議決に加わることができる評議員の3分の2以上の賛成が必要となる決議です。

---

point

普通決議：**出席者の過半数の賛成で決議**
　　　　　普通決議では議決に加わることのできる評議員の過半数の出席が必要
特別決議：**議決に加わることのできる評議員の3分の2以上の賛成で決議**

普通決議での決議事項	特別決議が必要な決議事項
・理事、監事、会計監査人の選任	・監事の解任
・理事、会計監査人の解任	・理事等の責任の免除
・理事、監事の報酬等の決議	・定款の変更
・役員報酬等基準の承認	・解散の決議
・計算書類の承認	・合併の承認
・社会福祉充実計画の承認	
・その他定款で定めた事項	
・基本財産の処分	

　出席と賛成について、定款で決議が可能な評議員の割合（過半数を上回る、または3分の2を上回る、等）を定める場合は、定めようとする割合以上の評議員の出席と賛成をもって定めることが可能です。

評議員会の議事録

　評議員会が決議した内容は重要な資料なので、評議員会は、議事内容をまとめた議事録を作成することが義務付けられています。

　議事録は評議員及び債権者が閲覧や謄写（コピー）できるようにしなければならず、書面又は電磁的記録により作成します。また、評議員会の開催された日から、法人の主たる**事務所に 10 年間、従たる事務所に 5 年間**備置く必要があります。

　議事録には、開催された評議員会に関する事項（開催された日時及び場所など）、評議員会の決議を省略した場合の事項及び理事が評議員会への報告を省略した場合の事項などの必要事項を記載する必要があります。

議事録を取っておかなくちゃ！

評議員　　　　　　　　　　　　　　　評議員

評議員の損害賠償責任

　評議員は、社会福祉法人の重要事項について決議をする権限がある評議員会の構成員ですが、その影響力から責任が伴います。

　評議員は、理事、監事もしくは会計監査人と同様、その任務を怠ったときは、社会福祉法人に対し、これによって生じた損害を賠償する責任を負います。これを**社会福祉法人に対する損害賠償責任**といいます。

　その他に、役員等又は評議員がその職務を行うにあたり、悪意又は重大な過失があった場合には、当該役員等又は評議員は、これによって第三者に生じた損害を賠償する責任を負います。これを**第三者に対する損害賠償責任**といいます。

　　　法律用語で悪意は「知っている」こと、善意は「知らない」ことを意味します。したがって、「悪意又は重大な過失があったとき」は「知っていたか、知らなくても重大な過失があったとき」ということになります。

　更に、役員等又は評議員が社会福祉法人又は第三者に生じた損害を負う場合、他の役員等又は評議員も当該損害を賠償する責任を負います。これを、**連帯責任（連帯債務者）**といいます。

　　　評議員の役割と責任を理解すると、その重要性が分かりますね。

理事と理事会

理事の選任および解任

　理事は、法人経営の実務的なことを理解し、責任ある経営判断やガバナンス（組織の管理や統治）を発揮できるような人でなければなりません。

　また、理事は、法令及び定款を遵守し、社会福祉法人のため忠実にその職務を行う義務があります。従って、その任務を怠ったときは、社会福祉法人に対してこれによって生じた損害を賠償する責任を負います。

　理事の選任及び解任は、**評議員会**において行いますが、解任については次のいずれかに該当する場合に限られています。
① 　職務上の義務に違反し、又は職務を怠ったとき
② 　心身の故障のため、職務の執行に支障があり、又はこれに堪えないとき

　理事の任期は、**選任後2年以内に終了する会計年度のうち最終のものに関する定時評議員会の終結の時まで**となります。ただし、定款で定めることによりその任期を短縮することもできます。

理事長

　理事長とは、社会福祉法人の代表として業務を執行する理事として選定された人です。理事長の選定・解職は、**理事会**において行います。

　理事長は社会福祉法人の業務に関する一切の権限を有します。また、**3ケ月に1回以上**、自己の職務の執行の状況を理事会に報告しなければなりません。ただし、定款において毎会計年度に4ケ月を超える間隔で2回以上その報告をしなければならないと定めた場合はそれに従います。

業務執行理事

　理事長以外にも、社会福祉法人の業務を執行する理事として、任意で「業務執行理事」を設置することができます。業務執行理事は、内部的な各事業所の管理監督、入所者・利用者の日常の処遇に関する指導監督、予算執行状況の管理監督などを行います。業務執行理事もまた、３ケ月に１回以上、職務の執行状況を理事会に報告する必要があります。

理事会

　理事会は全ての理事で組織されます。理事会とは、社会福祉法人における業務執行の決定機関であり、理事長ならびに各理事の職務執行の監督や理事長の選定及び解職等を行います。

　理事会は、各理事が召集します。

　理事会の決議は、**議決に加わることができる理事の過半数**（これを上回る割合を定款で定めた場合は、その割合以上）**が出席し、その過半数**（これを上回る割合を定款で定めた場合は、その割合以上）**をもって行います。**

　ただし、決議について**特別の利害関係を有する理事**は、議決に加わることができません。

　理事会の議事については、議事録を作成しなくてはなりません。

理事長は
社会福祉法人の代表です

理事長

8 監事

監事の役割

　監事とは、理事が適正に職務執行しているかを監査したり、社会福祉法人の会計や計算書類を監査する役職をいいます。そのため、社会福祉法人が作成する計算書類や、社会福祉法人に関する制度全般について、深く理解していることが求められます。

　監事は適正に監査を行うために、社会福祉法人に対して事業の報告を求めたり、業務や財産状況を調査することができます。そして、監査を行った場合には監査報告書を作成しなければなりません。

ちゃんとやってますよ〜

理事

理事の方々がちゃんと職務をしているかチェックしますよ

監事

【監事の役割】

●**理事の職務の執行を監査し、監査報告書を作成する**

　適正な法人運営を確保するために、いつでも理事及び職員に対して事業の報告を求めることができ、また、社会福祉法人の業務及び財産の状況を調査することができます。

●**計算関係書類（計算書類及びその附属明細書）並びに財産目録と、事業報告及びその附属明細書について監査し、監査報告書を作成する**

　社会福祉法人は、厚生労働省令に定めるところにより、監事の監査を受けな

ければなりません。それぞれの監査報告の内容及びその作成等の手続きに関しては、法及び規則に規定が設けられています。

　計算関係書類並びに財産目録の監査と事業報告等の監査のそれぞれについて、監査報告の内容を理事に通知する監事（特定監事）を定めることができます。この監事を定めない場合は、すべての監事が、理事に監査報告の内容を通知することになります。

また、監事は、理事の職務執行を監査する役割を担うことから、次の義務を負っています。

① 理事に不正の行為があるもしくは不正行為をするおそれがあると認められる場合、又は法令、定款違反の事実、もしくは著しく不当な事実があると認める場合は、遅滞なくその旨を理事会に報告すること。

② 理事会に出席し、必要がある場合には意見を述べなければならないこと。

③ 理事が評議員会に提出しようとする議案、書類、電磁的記録その他の資料を調査すること。この場合、法令違反等の事実があると認めるときはその調査結果を評議員会に報告すること。

監事の選任及び解任

　監事の選任は、理事会から監事の選任に関する議案を評議員会に提出し、**評議員会の決議により行います**。監事の員数は**2人以上**を定款に定めなければなりません。なお「定款で定めた監事の員数の**3分の1を超える者が欠けたとき**は、遅滞なくこれを補充しなければならない」とされています。

　　　　監事の選任についての議案を作成するのは理事会ですが、決議は評議員会で行います。また、監事が2人だと1人、3人だと2人が欠けたときに補充することになります。

　監事は理事の職務の執行を監査する立場であることを鑑み、その独立性を確保するために、監事の選任に関する議案を理事会から評議員会に提出する場合は、現行監事の過半数の同意を得る必要があります。

　監事は、適正な法人運営を確保するために重要な役割を担っているため、**欠格事由**（暴力団員等の反社会的勢力の者は監事になることはできない等）**が定められて**います。

　また、適正に理事の職務執行を監査するために次のように定められています。

① **理事又は職員を兼ねることができないこと**

② **各役員と特殊の関係にある者が含まれていないこと**

③ 　複数（2人以上）の監事がそれぞれ独立して職務を執行することから**他の監事と特殊の関係にある者が含まれてはいけないこと** 等

　さらに、前述したように、監査を行うに当たり、法人の業務及び財産の状況を確認する役割であることから、監事には「**社会福祉事業について識見を有する者**」及び「**財務管理について識見を有する者**」が含まれている必要があります。

　監事を解任するときは、**評議員会の特別決議によって**行います。

　監事の任期は、理事と同様**選任後2年以内に**終了する会計年度のうち最終のものに関する定時評議員会の時までとなります。

9 会計監査人

会計監査人の役割

　会計監査人は、法人の計算関係書類（計算書類及びその附属明細書）及び財産目録を監査し、会計監査報告書を作成します。

　特定社会福祉法人（前年度決算において収益 30 億円超または負債 60 億円超を計上した社会福祉法人）においては、法人の経営組織のガバナンスの強化、財務規律の強化の観点から会計監査人を設置することが義務付けられており、定款に会計監査人の設置について定めなければなりません。

　また、設置義務のない法人も、定款の定めにより会計監査人を設置することができます。

　定款に会計監査人を設置することを定めた法人（**会計監査人設置法人**）では、計算関係書類について、会計監査人の会計監査報告があることを前提として監事の監査が行われます。そのため、会計監査人設置法人と会計監査人非設置法人とでは、監事による監査の内容は異なります。

法人の会計と財産をしっかりチェックしますよ

会計監査人

会計監査人の役割と、そのために社会福祉法人に対して要求することができることには、次のような事柄があります。

●**法人の計算関係書類（計算書類及びその附属明細書）及び財産目録を監査し、会計監査報告書を作成する**

　社会福祉法人が作成する計算書類等を、外部の独立した第三者としての会計監査人が監査を行うことにより、計算書類等の適正性について保証を与え、これにより財務情報の信頼性の向上、ガバナンスの強化だけでなく、業務の効率化、効率的な経営の実現にも資するものとなります。つまり会計監査人は、**財務会計面から法人の適正な運営を確保する役割**を有しています。

　また会計監査人は、いつでも会計帳簿の閲覧等や、法人の理事または職員に対して会計に関する報告を求めることができ、必要があるときは、法人の業務及び財産の状況を調査することができます。

●**決算時に計算関係書類の監査を行うだけでなく、会計年度を通じて、法人の計算関係書類の信頼性の確保のために必要な対応を行う**

　会計監査人は、決算において計算関係書類の監査を行うだけでなく、年度を通じて適正な会計処理を行うための指導も行います。

　従って、年度途中に会計監査人が欠けた場合、遅滞なく会計監査人が選任されないときは、監事は一時会計監査人の職務を行うべき者を選任しなければなりません。

　なお、会計監査人の設置義務がない法人であっても、定款に会計監査人を設置することを定めている場合は、会計監査人が欠けた場合には、遅滞なく補充しなければなりません。

会計監査人の選任及び解任

　会計監査人の設置を定款に定めた法人は、会計監査人として、**公認会計士又は監査法人**を**評議員会**において選任します。

　公認会計士法の規定により、計算書類の監査を行うことができない者は会計監査人となることができないので、このような者でないことを確認の上、会計監査人候補となる者を選定します。

　評議員会で会計監査人の選任を行う場合は、**理事会**が特定の公認会計士または監査法人を会計監査人候補者として、会計監査人の選任に関する議案を**評議員会**に提出します。

　評議員会に提出された会計監査人の選任等及び解任並びに再任しないことに関する議案については、**監事の過半数をもって決定する必要**があります。

　会計監査人の**任期**は、**選任後1年以内に終了する会計年度のうち、最終のものに関する定時評議員会の終結の時まで**となっています。その定時評議員会において、会計監査人を再任しないとする決議がなされなかったときは、当該定時評議員会において再任されたものとみなされます。

　したがって、会計監査人を再任しない場合には、会計監査人を再任しないことに関する議案を提出する必要があります。

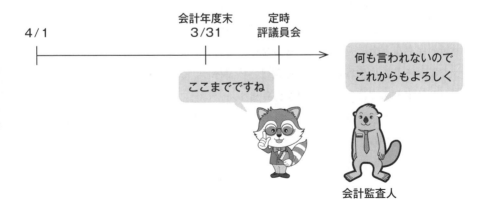

10 事務局の機能

事務局の役割

一定規模以上の社会福祉法人においては本部事務局的な役割があります。

各拠点を統括する機能が必要なため、全社的役割と拠点での役割が異なるためです。

事務局は、施設の運営においての実質的な事務作業を行います。具体的には、職員の出退勤管理や給与計算、理事会・評議員会開催にあたっての日程調整や案内などです。

また、事務局は施設の経理業務なども行いますが、入出金等に関しては会計責任者や出納担当者で、**役割を分担**する必要があります。

事務局は施設運営のためのさまざまな事務作業を担当しています。

会計責任者と出納職員

会計責任者は、社会福祉法人における予算の執行及び資金等の管理を行います。

会計責任者は、出納職員の事務作業を明確化し、監督しなければなりません。

出納職員は、現金の入出金などの取引の遂行、資産の管理及び帳簿その他の証憑書類の保存など会計処理に関する事務作業を行います。

会計責任者と出納職員は兼務を避け、内部牽制＊に配意した業務分担を行い、適正な会計事務処理に努める必要があります。

＊内部牽制：会計事務や事務一般の不正・誤りを社会福祉法人内部で防止するために、記帳を二人以上の係員に相互チェックさせたり、現金の出納、保管と記帳とを別にしたりすること。

会計責任者と出納職員の任命は、理事長が行います。

確認テスト

答え：P.119

❶ 次の空欄に当てはまる適切な語句を記入しなさい。

（1） 社会福祉法人には評議員会を設置しなくてはならないが、評議員の選任は（　　　　　　　　　　　　）において行う。

（2） 理事長及び業務執行理事は（　　　　　）に1回以上自己の職務の執行の状況を理事会に報告しなければならない。

（3） 理事の選任は、（　　　　　　）の決議によって行う。

（4） 監事とは、（　　　　）が適正に職務を執行しているかを監査する役割である。

（5） 社会福祉法人を設立しようとする者は（　　　　）に社会福祉法で規定する事項を定め、所轄庁の（　　　　）を受けなければならない。

「選任」と「選定」

評議員は理事を「**選任**」する。

理事会は理事長を「**選定**」する。

「選任」と「選定」という言葉ですが、「選ぶ」という意味では共通しています。ただ、「対象」が異なります。

評議員は「**選任**」理事も「**選任**」理事長は……「**選定**」

気づきましたか？

評議員や理事は、新たな役職として任命されます。

一方、理事長は理事のひとりであることが前提となります。

新たに役員を選ぶ（任命する）場合は「**選任**」を使います。

ある役職の中からさらに別の立場を選ぶ場合に用いるのが「**選定**」です。

理事長は、理事の中から代表として選ばれます。

従って、理事会で理事長を選ぶ場合は「**選定**」を使います。

「解任」と「解職」も同様です。

理事は「解任」、理事長は「解職」となります。

普段は意識せずに使っている言葉ですが、微妙な違いがあるのですね。

理事長

「選定」されました！

第3章

社会福祉法人の課税制度

⓫ 税金の基礎知識
⓬ 社会福祉法人と税金

第1章で、社会福祉法人は厳しい規制のある一方で、さまざまな優遇措置を受けられることを学習しました。

なかでも、社会福祉法人に対する課税制度は、一般企業と異なり、かなりの優遇措置が認められています。

この章では、社会福祉法人に対してどのような税の優遇措置があるのかを学習します。

11 税金の基礎知識

税金の必要性と役割

　日本の憲法では、国民は国に対して税金を納めなければならないという「納税の義務」が規定されています。

　では、なぜ国に対して税金を納めなければならないのでしょうか。

　代表的な理由として、「国や地方公共団体などの活動は、国民の健全な生活に必要不可欠であるため、その活動経費に関しては国民が義務として納めなければならない」ということがあげられます。

　例えば、国は警察や消防等によって国民の生命や財産を守っており、また、教育に関しては小・中学校を義務教育にすることにより、より質の高い国家を形成することに貢献しています。そして、このような活動を行うためにはそれなりの経費が必要となります。

　そこで、このような活動の恩恵を受ける国民が、経費を負担する必要性が生じるのです。

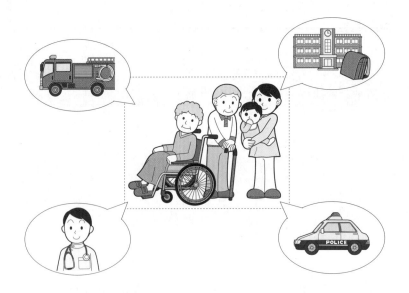

税金の種類

税金にはいろいろな種類がありますが、分類方法によってさまざまに分類することができます。

一般的な分類方法には次のようなものがあります。

① 課税するのが国なのか、地方公共団体なのか（**国税と地方税**）

② 税金を納める人と実質的に負担する人が同じかどうか（**直接税と間接税**）

●国税と地方税●

	国　　税		法人税　相続税　所得税　贈与税　など	
地方税	道府県民税	普通税	道府県民税	
			事業税	
			自動車税　など	
		目的税	狩猟税	
			水利地益税　など	
	市町村民税	普通税	市町村民税	
			固定資産税	
			軽自動車税　など	
		目的税	入湯税	
			都市計画税　など	

　　使途（使いみち）を特定せず、一般経費に充てるために課される税金を「普通税（一般税）」、特定の目的のために課され、使途があらかじめ定められている税金を「目的税」といいます。

●直接税と間接税●

直接税	収得税	法人税　所得税　など
	財産税	相続税　贈与税　など
間接税	消費税	消費税　酒税　たばこ税　など
	流通税	印紙税　自動車重量税　不動産取得税　など

12 社会福祉法人と税金

課税の優遇措置

第1章で、社会福祉法人に対する規制と優遇措置があることを学習しました（3ページ）が、その中の1つに「税制上の優遇措置」がありました。

社会福祉事業はその公益性の高さから、長く事業を続けて社会貢献を果たす、という重要な役割を担っています。そのためには、経営状況が安定していなくてはなりません。課税の優遇措置は、安定した経営を手助けする支援の一環なのです。

一方で、強い規制があることも学習しましたね。

社会福祉法人と法人税

社会福祉法人は、法人税法上、「**公益法人等**」に該当し、原則は非課税となります。ただし、社会福祉法人においても、**法人税法上の収益事業を行う場合に限り納税義務が生じます**。なお、社会福祉法上の判断（定款の記載）と法人税法上の判断は必ずしも一致するわけではありません。

収益事業とは、公益法人等などが行う販売業、製造業その他の一定の事業で、継続して事業場を設けて行われる事業をいい、その性質上該当する事業に付随して行われる行為もこれに含まれます。

民間企業が行う事業と競合関係にある事業について、課税の公平性、中立性の観点から納税義務を課すことになっています。

●収益事業の例●

①物品販売業	②不動産販売業	③金銭貸付業	④物品貸付業	⑤不動産貸付業
⑥製造業	⑦通信業	⑧運送業	⑨倉庫業	⑩請負業
⑪印刷業	⑫出版業	⑬写真業	⑭席貸業	⑮旅館業
⑯料理飲食業	㉙医療保険業	㉛駐車場業	など	

　　例えば、障害者福祉施設を営んでいる社会福祉法人の土地の一部を、利用者やその家族向けの駐車場と、一般に向けて時間貸しのコインパーキングとしていた場合、前者は非課税となりますが、後者は収益事業となり納税義務が生じます。

みなし寄附金

　みなし寄附金とは、社会福祉法人が法人税の対象となる収益事業を行って得た収益の一部を非収益事業のために支出した場合、法人の内部取引であるにもかかわらず、その部分を寄附金とみなす制度です。

　みなし寄附金のうち一定の金額は、法人税の対象となる所得から損金算入（経費として計上）することができるので、その分法人税の額も少なくなります。

　みなし寄附金は、収益事業によって得た資金を社会福祉事業などの非収益事業のために支出するわけですから、その役割は公益目的のための寄附と同じです。自分のためではなく、社会のために使用される資金に対して課税するわけにはいかないので、みなし寄附金にあたる部分の一定額には課税されません。

社会福祉法人と消費税

　消費税は間接税です。従って、申告や納税は「課税事業者」が行います。社会福祉法人は、消費税法上の「課税事業者」に該当するので、消費税の納税義務があります。

　ただし、一般企業と同様に基準期間（基本的に2事業年度前のこと）の課税売上高が1,000万円以下の小規模事業者である場合には、別段の定めがある場合を除き、

消費税の納税義務が免除されています。

　また、社会福祉事業として行われる取引についてはそのほとんどが非課税とされています。

●非課税とされる社会福祉事業●

①　介護保険法の規定に基づく居宅介護サービス費の支給に係る居宅サービス（訪問介護、訪問入浴介護その他の一定のものに限る。）、施設介護サービス費の支給に係る施設サービスその他これらに類するものとして一定のもの

②　社会福祉法に規定する社会福祉事業及び更生保護事業法に規定する更生保護事業として行われる資産の譲渡等（障害者支援施設若しくは授産施設を経営する事業、認定生活困窮者就労訓練事業、地域活動支援センターを経営する事業又は障害福祉サービス事業において生産活動としての作業に基づき行われるものを除く。）

③　②に掲げる資産の譲渡等に類するものとして一定のもの

④　身体障害者用物品の譲渡、貸付け及び製作の請負並びに身体障害者用物品の修理のうち厚生労働大臣が財務大臣と協議して指定するもの

　　具体的には、社会福祉法に基づく第一種社会福祉事業、第二種社会福祉事業のほとんどが非課税とされる社会福祉事業に該当します。

社会福祉法人と所得税

　個人が社会福祉法人に寄附をした場合は、「特定寄附金」とされ、寄附した人が確定申告を行うことで、所得控除又は税額控除の適用を受けることができます。社会福祉法人に寄附をすると、納税額が優遇されるため、社会福祉法人にとっても寄附金が集めやすくなるというメリットがあります。

社会福祉法人と印紙税

社会福祉法人は、発行する領収書すべてについて収入印紙を貼付する必要がありません。領収書は印紙税法上「営業に関する受取書」となっており、営業行為を行わない（利益分配を行うことができない）社会福祉法人は、収入印紙を貼付する必要が無いからです。

また、介護保険制度における介護サービスに係る利用者や障害者の自立支援に係るサービス利用者との契約書は、請負契約書とはみなされないため印紙税は課税されませんが、工事業者との間で作成する工事請負契約書は、非課税規定が適用されませんので、双方所持する契約書に収入印紙を貼付しなければなりません。

社会福祉法人と固定資産税

地方税の中に、土地、家屋、償却資産等の固定資産に対して課される固定資産税という税金がありますが、特定の用途の固定資産に対しては固定資産税が課されないことになっています。

●特定の用途の固定資産の例●

生活保護法第38条に規定する**保護施設**

（救護施設・更生施設・医療保護施設など）

児童福祉法第7条に規定する**児童福祉施設**

（助産施設・乳児院・母子生活支援施設・保育所・児童養護施設など）

就学前の子どもに関する教育、保育等の総合的な提供の推進に関する法律
第2条第6項に規定する**認定こども園**

老人福祉法第5条の3に規定する**老人福祉施設**

（老人デイサービスセンター・養護老人ホーム・老人介護支援センターなど）

障害者の日常生活及び社会生活を総合的に支援するための法律第5条第11項に規定する**障害者支援施設**

　なお、上記の用途に使用されている固定資産であっても、有料で賃貸されている場合においては、その固定資産の所有者に対して固定資産税が課税されます。

社会福祉法人とその他の税

　社会福祉法人は上記の他、都道府県民税、市町村民税、事業税についても原則非課税とされています。

社会福祉法人の課税制度
確認テスト

答え：P.120

❶ 次の空欄に当てはまる適切な語句を記入しなさい。

（1）　社会福祉法人の法人税は、原則非課税となるが、（　　　　　　　）を行う場合に限り納税義務が生じる。

（2）　社会福祉法人が（　　　　　）によって得た資金を、同一法人内の社会福祉事業（非収益事業）のために支出をした場合は、（　　　　　　　　）として一定の金額を課税所得より控除し、法人税額を減額することが出来る。

第4章

社会福祉法人の会計制度

　社会福祉法人は、その運営については「社会福祉法」という法律に定められています。

　同様に、日々の会計処理についてもルールが設けられています。

　厚生労働省令として定められている「社会福祉法人会計基準」や運用指針を定めた「局長通知」運用上の留意事項を定めた「課長通知」などが該当します。

　これらの基準や通知の位置づけとともに、社会福祉法人が行わなければならない会計処理についてみていきましょう。

13 会計とは

会計とは？

会計とは、日々のお金の動きを記録し報告するまでの一連の流れのことです。

つまり、「何にいくら使ったか」「なぜお金が増えたのか」といったお金の増減要因について記録、報告をすることです。

また、お金以外にも企業や社会福祉法人が所有している資産や、抱えている負債の額についての記録、報告もまた、会計の重要な役割です。

「会計」とは、個人や企業などの経済活動状況を記録し、情報化すること、と定義されています。

記録から報告までの流れ

日々の活動を記録し報告するまでの一連の流れは以下のとおりです。

①**取　　引** … 法人の資産や負債、純資産の増減を伴う事象のことを指します

②**仕　　訳** … ①の取引を**勘定科目**と**金額**を用いて整理し、帳簿へ記入するための準備をします

③**帳簿記入** … ②の仕訳を一定のルールに従って帳簿に記録します

④**試算表の作成**　…　③の記入に誤りがないか毎月末にチェックするための試算表を作成します

⑤**計算書類の作成**　…　④の試算表（1年分）を基に報告書（**計算書類**）を作成します

> 仕訳や帳簿記入等の具体的な方法は、会計3級で学習します。

計算書類とは？

　社会福祉法人制度は、介護保険制度や障害者自立支援法の導入により大きく見直しがされました。

　これらの制度が導入されたことにより、社会福祉法人は行政主体の「**措置制度**」から利用者主体の「**契約制度**」へと移行することになりました。

　「措置制度」時代は、社会福祉法人の運営費（措置費と呼ばれていました）は公費で賄われていました。したがって措置費が目的通り正しく使われているかどうかの管理が重要視され、「資金の収支」を明確に報告することだけが要求されていたのです。

　しかし「契約制度」では一部公費負担はあるものの、利用者からも運営費用（利用者負担金）を徴収することになり、利用者は自分で利用施設を選択できるようになりました。そうなると、単に資金の収支だけを見るのだけではなく、法人全体の財産はどのようになっているのか、経営のバランスはとれているのか、など、資金の収支だけでは判断できなくなってきてしまいました。

　そこで、現在の社会福祉法人会計では、次の3つの書類を作成、公表することが義務付けられたのです。

　これらの書類を「**計算書類**」といいます。

・資金収支計算書

　一定期間の資金の増加要因である収入と資金の減少要因である支出を明らかにする書類

・事業活動計算書

　一定期間の日々の活動から生じる収益と費用の内容を明らかにし、収益と費用の差額から純資産の増減を計算する書類

・貸借対照表

　社会福祉法人の**一定時点**の財産状況を報告するための書類

社会福祉法

第45条の27（計算書類の作成及び保存）

2　社会福祉法人は、毎会計年度終了後3ヶ月以内に、厚生労働省令で定めるところにより、各会計年度に係る計算書類（貸借対照表及び収支計算書をいう。以下この款において同じ。）及び事業報告並びにこれらの附属明細書を作成しなければならない。

3　計算書類及び事業報告並びにこれらの附属明細書は、電磁的記録をもって作成することができる。

4　社会福祉法人は、計算書類を作成した時から十年間、当該計算書類及びその附属明細書を保存しなければならない。

　社会福祉法の収支計算書とは、資金収支計算書と事業活動計算書を指しています。

会計期間とは？

社会福祉法人の活動を一定期間（通常1年）で区切って記録・計算をします。この一定期間のことを会計期間（会計年度）といいます。

現在の会計期間を**当期**といい、その最初の日を**期首**、最後の日を**期末**といい、その間を**期中**といいます。

なお、期末に決算を行い、計算書類を作成することから、期末の日を**決算日**ともいいます。

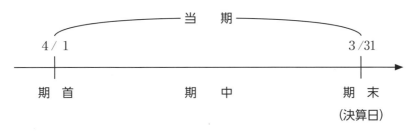

当 期

| 4/1 | | 3/31 |

期 首 期 中 期 末
（決算日）

社会福祉法人の会計年度は、毎年4月1日から3月31日の1年間と決められています。

勘定科目

計算書類は、決められた用語と金額を用いて作成しなくてはなりません。この用語を「勘定」または「**勘定科目**」といいます。

具体的な科目は後で学習しますので、ここでは「資金収支計算書（第1号第1様式）」「事業活動計算書（第2号第1様式）」「貸借対照表（第3号第1様式）」の各様式を見てみましょう。

第一号第一様式(第十七条第四項関係)

法人単位資金収支計算書

(自)令和　年　月　日　(至)令和　年　月　日

(単位：円)

勘定科目			予算(A)	決算(B)	差異(A)−(B)	備考
事業活動による収支	収入	介護保険事業収入				
		老人福祉事業収入				
		児童福祉事業収入				
		保育事業収入				
		就労支援事業収入				
		障害福祉サービス等事業収入				
		生活保護事業収入				
		医療事業収入				
		退職共済事業収入				
		(何)事業収入				
		(何)収入				
		借入金利息補助金収入				
		経常経費寄附金収入				
		受取利息配当金収入				
		社会福祉連携推進業務貸付金受取利息収入				
		その他の収入				
		流動資産評価益等による資金増加額				
		事業活動収入計(1)				
	支出	人件費支出				
		事業費支出				
		事務費支出				
		就労支援事業支出				
		授産事業支出				
		退職共済事業支出				
		(何)支出				
		利用者負担軽減額				
		支払利息支出				
		社会福祉連携推進業務借入金支払利息支出				
		その他の支出				
		流動資産評価損等による資金減少額				
		事業活動支出計(2)				
		事業活動資金収支差額(3)=(1)−(2)				
施設整備等による収支	収入	施設整備等補助金収入				
		施設整備等寄附金収入				
		設備資金借入金収入				
		社会福祉連携推進業務設備資金借入金収入				
		固定資産売却収入				
		その他の施設整備等による収入				
		施設整備等収入計(4)				
	支出	設備資金借入金元金償還支出				
		社会福祉連携推進業務設備資金借入金元金償還支出				
		固定資産取得支出				
		固定資産除却・廃棄支出				
		ファイナンス・リース債務の返済支出				
		その他の施設整備等による支出				
		施設整備等支出計(5)				
		施設整備等資金収支差額(6)=(4)−(5)				
その他の活動による収支	収入	長期運営資金借入金元金償還寄附金収入				
		長期運営資金借入金収入				
		役員等長期借入金収入				
		社会福祉連携推進業務長期運営資金借入金収入				
		長期貸付金回収収入				
		社会福祉連携推進業務長期貸付金回収収入				
		投資有価証券売却収入				
		積立資産取崩収入				
		その他の活動による収入				
		その他の活動収入計(7)				
	支出	長期運営資金借入金元金償還支出				
		役員等長期借入金元金償還支出				
		社会福祉連携推進業務長期運営資金借入金元金償還支出				
		長期貸付金支出				
		社会福祉連携推進業務長期貸付金支出				
		投資有価証券取得支出				
		積立資産支出				
		その他の活動による支出				
		その他の活動支出計(8)				
		その他の活動資金収支差額(9)=(7)−(8)				
予備費支出(10)			××× △××××]	—	×××	
当期資金収支差額合計(11)=(3)+(6)+(9)−(10)						
前期末支払資金残高(12)						
当期末支払資金残高(11)+(12)						

(注)予備費支出△××××円は(何)支出に充当使用した額である。
※　本様式は、勘定科目の大区分のみを記載するが、必要のないものは省略することができる。ただし追加・修正はできないものとする。

46

第二号第一様式(第二十三条第四項関係)

法人単位事業活動計算書

(自)令和　年　月　日　(至)令和　年　月　日

(単位：円)

	勘定科目	当年度決算(A)	前年度決算(B)	増減(A)-(B)
サービス活動増減の部	収益	介護保険事業収益			
		老人福祉事業収益			
		児童福祉事業収益			
		保育事業収益			
		就労支援事業収益			
		障害福祉サービス等事業収益			
		生活保護事業収益			
		医療事業収益			
		退職共済事業収益			
		(何)事業収益			
		(何)収益			
		経常経費寄附金収益			
		その他の収益			
		サービス活動収益計(1)			
	費用	人件費			
		事業費			
		事務費			
		就労支援事業費用			
		授産事業費用			
		退職共済事業費用			
		(何)費用			
		利用者負担軽減額			
		減価償却費			
		国庫補助金等特別積立金取崩額	△×××	△×××	
		貸倒損失額			
		貸倒引当金繰入			
		徴収不能額			
		徴収不能引当金繰入			
		その他の費用			
		サービス活動費用計(2)			
		サービス活動増減差額(3)=(1)-(2)			
サービス活動外増減の部	収益	借入金利息補助金収益			
		受取利息配当金収益			
		社会福祉連携推進業務貸付金受取利息収益			
		有価証券評価益			
		有価証券売却益			
		基本財産評価益			
		投資有価証券評価益			
		投資有価証券売却益			
		積立資産評価益			
		その他のサービス活動外収益			
		サービス活動外収益計(4)			
	費用	支払利息			
		社会福祉連携推進業務借入金支払利息			
		有価証券評価損			
		有価証券売却損			
		基本財産評価損			
		投資有価証券評価損			
		投資有価証券売却損			
		積立資産評価損			
		その他のサービス活動外費用			
		サービス活動外費用計(5)			
		サービス活動外増減差額(6)=(4)-(5)			
		経常増減差額(7)=(3)+(6)			

4

社会福祉法人の会計制度

		施設整備等補助金収益			
特別増減の部	収益	施設整備等寄附金収益			
		長期運営資金借入金元金償還寄附金収益			
		固定資産受贈額			
		固定資産売却益			
		その他の特別収益			
		特別収益計(8)			
	費用	基本金組入額			
		資産評価損			
		固定資産売却損・処分損			
		国庫補助金等特別積立金取崩額(除却等)	△×××	△×××	
		国庫補助金等特別積立金積立額			
		災害損失			
		その他の特別損失			
		特別費用計(9)			
		特別増減差額(10) = (8) − (9)			
当期活動増減差額(11) = (7) + (10)					
繰越活動増減差額の部	前期繰越活動増減差額(12)				
	当期末繰越活動増減差額(13) = (11) + (12)				
	基本金取崩額(14)				
	その他の積立金取崩額(15)				
	その他の積立金積立額(16)				
	次期繰越活動増減差額(17) = (13) + (14) + (15) − (16)				

※　本様式は、勘定科目の大区分のみを記載するが、必要のないものは省略することができる。ただし追加・修正はできないものとする。

第三号第一様式(第二十七条第四項関係)

法人単位貸借対照表

令和　年　月　日現在

(単位：円)

資　産　の　部	当年度末	前年度末	増減	負　債　の　部	当年度末	前年度末	増減
流動資産				流動負債			
現金預金				短期運営資金借入金			
有価証券				事業未払金			
事業未収金				その他の未払金			
未収金				支払手形			
未収補助金				社会福祉連携推進業務短期運営資金借入金			
未収収益				役員等短期借入金			
受取手形				1年以内返済予定社会福祉連携推進業務設備資金借入金			
貯蔵品							
医薬品				1年以内返済予定設備資金借入金			
診療・療養費等材料				1年以内返済予定社会福祉連携推進業務長期運営資金借入金			
給食用材料							
商品・製品				1年以内返済予定長期運営資金借入金			
仕掛品							
原材料				1年以内返済予定リース債務			
立替金				1年以内返済予定役員等長期借入金			
前払金							
前払費用				1年以内支払予定長期未払金			
1年以内回収予定社会福祉連携推進業務長期貸付金				未払費用			
				預り金			
1年以内回収予定長期貸付金				職員預り金			
社会福祉連携推進業務短期貸付金				前受金			
				前受収益			
短期貸付金				仮受金			
仮払金				賞与引当金			
その他の流動資産				その他の流動負債			
貸倒引当金	△×××	△×××					
徴収不能引当金	△×××	△×××					
固定資産				固定負債			
基本財産				社会福祉連携推進業務設備資金借入金			
土地							
建物				設備資金借入金			
建物減価償却累計額	△×××	△×××		社会福祉連携推進業務長期運営資金借入金			
定期預金							
投資有価証券				長期運営資金借入金			
				リース債務			
その他の固定資産				役員等長期借入金			
土地				退職給付引当金			
建物				役員退職慰労引当金			
構築物				長期未払金			
機械及び装置				長期預り金			
車輌運搬具				退職共済預り金			
器具及び備品				その他の固定負債			
建設仮勘定							
有形リース資産				負債の部合計			
(何)減価償却累計額	△×××	△×××			純　資　産　の　部		
権利				基本金			
ソフトウェア				国庫補助金等特別積立金			
無形リース資産				その他の積立金			
投資有価証券				(何)積立金			
社会福祉連携推進業務長期貸付金				次期繰越活動増減差額			
				(うち当期活動増減差額)			
長期貸付金							
退職給付引当資産							
長期預り金積立資産							
退職共済事業管理資産							
(何)積立資産							
差入保証金							
長期前払費用							
その他の固定資産							
貸倒引当金	△×××	△×××					
徴収不能引当金	△×××	△×××					
				純資産の部合計			
資産の部合計				負債及び純資産の部合計			

本様式は、勘定科目の大区分及び中区分を記載するが、必要のない中区分の勘定科目は省略することができる。
勘定科目の中区分についてはやむを得ない場合、適当な科目を追加できるものとする。

14 社会福祉法人の会計基準

会計基準とは

　会計基準とは、会計情報を作成するためのルールのことです。会計基準に沿った処理を行うことで、その会計情報は信頼でき、他の法人との比較ができるものになります。

　会計基準は一般企業、非営利組織であるNPO法人、政府などのさまざまな組織に応じたものがあり、社会福祉法人にも固有の会計基準があります。

社会福祉法人会計基準

　社会福祉法人が準拠すべき会計の基準は、「**会計基準省令**」によって、次のように規定されています。

会計基準省令

（第1章　総則）

第1条　社会福祉法人は、この省令で定めるところに従い、会計処理を行い、会計帳簿、計算書類（貸借対照表及び収支計算書をいう。以下同じ。）、その附属明細書及び財産目録を作成しなければならない。

　2　社会福祉法人は、この省令に定めるもののほか、一般に公正妥当と認められる社会福祉法人会計の慣行を斟酌＊しなければならない。

　3　この省令の規定は、社会福祉法人が行う全ての事業に関する会計に適用する。

＊斟酌：あれこれ照らし合わせて取捨すること。

また、「**会計基準省令**」の本文を補足するために、下記の2つの通知が発出されています。

①「**社会福祉法人会計基準の制定に伴う会計処理等に関する運用上の取扱いについて**」

　　本書では「運用上の取扱い」（局長通知）と記載します。

②「**社会福祉法人会計基準の制定に伴う会計処理等に関する運用上の留意事項について**」

　　本書では「運用上の留意事項」（課長通知）と記載します。

なお、上記通知に加え事務連絡も省令の補足として発出されています。

「**会計基準省令**」と、「**運用上の取扱い**」（局長通知）および「**運用上の留意事項**」（**課長通知**）の関係を図で表すと以下のようになります。

point 社会福祉法人会計基準の構成

■社会福祉法人会計基準は、「会計基準省令」と一般に公正妥当と認められる社会福祉法人会計の慣行を記載した通知（「運用上の取扱い」、「運用上の留意事項」）によって構成される。

社会福祉法人会計基準省令

- •会計基準の目的や一般原則等、会計ルールの基本原則を定めるもの。
- •計算書類の様式、勘定科目を規定

社会福祉法人会計基準の制定に伴う会計処理等に関する運用上の取扱いについて（局長通知）

- •基準省令の解説
- •附属明細書及び財産目録の様式を規定

社会福祉法人会計基準の制定に伴う会計処理等に関する運用上の留意事項について（課長通知）

- •基準省令及び運用上の取扱いでは定めていない一般に公正妥当と認められる社会福祉法人会計の慣行
- •各勘定科目の説明を規定

資料：厚生労働省

また、「会計基準省令」はすべての社会福祉法人に適用される会計基準ですが、それぞれの法人の特殊性により、使用する具体的な勘定科目などは異なることがあります。そのため、各法人は管理組織を確立し、自らの組織に則した会計処理ルールを「経理規程」として定めることとされています。

　組織に則した会計処理ルールとなる「**経理規程**」については、「**運用上の留意事項**」（**課長通知**）において、次のように通知されています。

運用上の留意事項

（課長通知）

1　管理組織の確立

(1)　法人における予算の執行及び資金等の管理に関しては、あらかじめ運営管理責任者を定める等法人の管理運営に十分配慮した体制を確保すること。

　　　また、内部牽制に配意した業務分担、自己点検を行う等、適正な会計事務処理に努めること。

(2)　会計責任者については理事長が任命することとし、会計責任者は取引の遂行、資産の管理及び帳簿その他の証憑書類の保存等会計処理に関する事務を行い、又は理事長の任命する出納職員にこれらの事務を行わせるものとする。

(3)　（省略）

(4)　法人は、上記事項を考慮し、会計基準省令に基づく適正な会計処理のために必要な事項について**経理規程**を定めるものとする。

「会計基準」、「会計の慣行」、「経理規程」の関係は次のようになります。

社会福祉法人の会計処理の基準

会計基準省令
一般に公正妥当と認められる社会福祉法人会計の慣行（局長通知・課長通知）

→ 経理規程 → 日常の経理処理　決算処理　予算編成など

　社会福祉法人の会計基準は、社会福祉法人が行う全ての事業に適用され、公益事業や収益事業も適用対象となります。

15 会計原則

社会福祉法人会計の会計原則

社会福祉法人会計では、会計基準省令において、4つの会計原則が定められています。これは、企業会計における「一般原則」に相当します。

会計基準省令

第1章 総則

（会計原則）

第2条 社会福祉法人は、次に掲げる原則に従って、会計処理を行い、計算書類及びその附属明細書（以下「計算関係書類」という。）並びに財産目録を作成しなければならない。

一 計算書類は、資金収支及び純資産の増減の状況並びに資産、負債及び純資産の状態に関する真実な内容を明瞭に表示すること。

二 計算書類は、正規の簿記の原則に従って正しく記帳された会計帳簿に基づいて作成すること。

三 採用する会計処理の原則及び手続並びに計算書類の表示方法については、毎会計年度継続して適用し、みだりにこれを変更しないこと。

四 重要性の乏しいものについては、会計処理の原則及び手続並びに計算書類の表示方法の適用に際して、本来の厳密な方法によらず、他の簡便な方法によることができること。

社会福祉法人は、この省令の定めるところに従い、会計処理を行って、会計帳簿、**計算書類**（**貸借対照表**及び**収支計算書**をいう。）、附属明細書及び財産目録を作成しなければなりません。

（会計基準省令 第1条 社会福祉法人会計の基準）

また、社会福祉法人は、第2条の会計原則に従って**計算関係書類**（計算書類及び附属明細書）並びに財産目録を作成しなければなりません。

（会計基準省令 第2条 会計原則）

会計原則の解釈

会計基準省令の4原則は以下のように解釈します。

①「真実性の原則」と「明瞭性の原則」会計基準省令第2条第1項第1号

「真実性の原則」は、計算書類が真実な報告であることを求める原則であり、「明瞭性の原則」は計算書類をわかりやすい表示方法で表示し、また採用した会計処理の原則や手続きを明らかにすることを求める原則です。

②「正規の簿記の原則」会計基準省令第2条第1項第2号

正確な会計帳簿を作成し、その会計帳簿にもとづいて、計算書類を作成することを求める原則です。また、この原則は、正確な会計帳簿から誘導して計算書類を作成すること（誘導法による計算書類の作成）も要請しています。

③「継続性の原則」会計基準省令第2条第1項第3号

1つの会計事実について、減価償却の方法として「定額法」と「定率法」のように、会計処理の原則や手続きがいくつかある場合、そのうちの1つをいったん採用したならば、正当な変更理由がない限り、原則として、毎期継続して適用しなければならないという原則です。

④「重要性の原則」会計基準省令第2条第1項第4号

重要性の高いものは厳密な会計処理、明瞭な表示によることを要請し、重要性の乏しいものは簡便な会計処理や表示を容認するという原則です。

　会計原則は語群選択の問題でよく出題されますので、条文をしっかりと読み込んでおきましょう。

　なお、重要性の原則の適用においては、経理規程またはその細則においてあらかじめ重要性の基準を定めておく必要があります。

運用上の取扱い

（局長通知）

1　重要性の原則の適用について

（会計基準省令第2条第1項第4号関係）

　重要性の原則の適用例としては、次のようなものがある。

(1)　消耗品、貯蔵品等のうち、重要性が乏しいものについては、その買入時又は払出時に費用として処理する方法を採用することができる。

(2)　保険料、賃借料、受取利息配当金、借入金利息、法人税等にかかる前払金、未払金、未収金、前受金等のうち重要性の乏しいもの、または毎会計年度経常的に発生しその発生額が少額なものについては、前払金、未払金、未収金、前受金等を計上しないことができる。

(3)　引当金のうち、重要性の乏しいものについては、これを計上しないことができる。

(4)　取得価額と債券金額との差額について重要性が乏しい満期保有目的の債券については、償却原価法を適用しないことができる。

(5)　ファイナンス・リース取引について、取得したリース物件の価額に重要性が乏しい場合、通常の賃貸借取引に係る方法に準じて会計処理を行うことができる。

(6)　法人税法上の収益事業に係る課税所得の額に重要性が乏しい場合、税効果会計を適用しないで、繰延税金資産又は繰延税金負債を計上しないことができる。

　なお、財産目録の表示に関しても重要性の原則が適用される。

会計帳簿

会計帳簿は計算書類の根拠となる取引を記載します。発生したすべての取引についてはその証憑に基づいて一定のルールに従い記帳することが求められています。

会計基準省令

第2章　会計帳簿

（会計帳簿の作成）

第3条　社会福祉法第45条の24第1項の規定により社会福祉法人が作成すべき会計帳簿に付すべき資産、負債及び純資産の価額その他会計帳簿の作成に関する事項については、この章の定めるところによる。

2　会計帳簿は、書面又は電磁的記録をもって作成しなければならない。

総額表示

例えば、貸借対照表で債権債務を相殺して表示したり、資金収支計算書で収入と支出を相殺して表示してしまうと、法人全体の資産や負債の額、事業活動から生じた収入がいくらあって、支出がいくらあったのかを判断できなくなります。そのため、基準では原則として総額での表示を求めています。

これを「総額主義の原則」と呼び、「明瞭性の原則」の一部を構成しています。

会計基準省令

第1章　総則

（総額表示）

第2条の2　計算関係書類及び財産目録に記載する金額は、原則として総額をもって表示しなければならない。

金額の表示単位

　計算関係書類及び財産目録の記載に当たり、会計基準では**1円単位**で表示することを求めています。

会計基準省令

第1章　総則

（金額の表示の単位）

第2条の3　計算関係書類及び財産目録に記載する金額は、1円単位をもって表示するものとする。

　一般企業の決算書では（単位：千円）や（単位：百万円）という表示をよく見ますが、社会福祉法人の決算書は必ず（単位：円）となります。

確認テスト

答え：P.121

❶ 次の空欄に当てはまる適切な語句を記入しなさい。

（1） 社会福祉法人は、会計基準省令に従い、会計処理を行い、（　　　　　）、
（　　　　　）、その附属明細書及び財産目録を作成しなければならない。

（2） 社会福祉法人の計算書類は（　　　　　　　）の原則に従って正しく
記帳された会計帳簿に基づいて作成すること。

（3） 計算関係書類及び財産目録に記載する金額は、原則として（　　　）
をもって表示しなければならない。

（4） 計算関係書類及び財産目録に記載する金額は、（　　　　　　）をもっ
て表示するものとする。

第5章

社会福祉法人の計算書類

⑯ 資金収支計算書
⑰ 事業活動計算書
⑱ 貸借対照表

ここからは、社会福祉法人の計算書類について学習していきましょう。
計算書類には以下の3つがあります。
①資金収支計算書
②事業活動計算書
③貸借対照表
これらの計算書類の内容をしっかりと理解した上で、日常の取引がどのように計算書類に影響するのかを見ていきます。

【単位（金額）についての本書での取扱いについて】
　本書では、本試験の形式に合わせて金額の単位は省略しています。
　また、外出先でも学習しやすいように、数値は小さくしてあります。

16 資金収支計算書

資金収支計算書の背景

　ガバナンス編で、1951（昭和26）年から始まった、国などが、社会福祉サービスを受ける先を指定する「措置時代」の話をみてきました。

　この時代、社会福祉法人は、専ら社会福祉サービスの提供を行い、社会福祉に関する資金は、全額、税金で賄われていました。

　そこで国は、不正防止などの観点から、社会福祉法人に対して資金の使い途を明確にさせるため、**資金収支計算書の作成・提出**を定めました。

資金概念

　社会福祉法人が収益事業を行うことも認められ、貸借対照表などの計算書が一般企業のものと整合性を保つように配慮された現代では、支払資金は次のように定義されています。

超 重要

支払資金残高 ＝ プラスの支払資金 ― マイナスの支払資金

　プラスの支払資金とは「≒流動資産」、マイナスの支払資金とは「≒流動負債」となります。従って、支払資金残高は

　流動資産－流動負債≒支払資金残高

と計算することが出来ます。

　ここで、「＝」ではなく「≒」としている理由は、支払資金の計算において、正確には下記①～③が除外されるからです。

【支払資金に含まれない流動資産・流動負債】

　①貯蔵品以外の製品・仕掛品などの棚卸資産

　②引当金（徴収不能引当金・賞与引当金など）

　③1年基準により固定資産または固定負債から振り替えられた流動資産・流動負債

　　　　貸借対照表の流動資産・流動負債をベースにした定義です。

収入と支出

　支払資金が増加する要因のことを「収入」といい、支払資金が減少する要因のことを「支出」といいます。

point

　収入 … 支払資金が増加する要因

　支出 … 支払資金が減少する要因

　例えば、介護保険報酬500が銀行口座に振り込まれた場合、現金預金が500増加するため、このことを「介護保険収入」といいます。

　また、職員の給料200を現金で支払った場合、現金預金が200減少するため、このことを職員給料支出といいます。

　なお、70ページにおける「収益」と「費用」は事業活動計算書における純資産（資本）の増減要因です。

収入 ≠ 収益、支出 ≠ 費用

収入・支出 ⇒ **支払資金**の増減要因

収益・費用 ⇒ **純資産**の増減要因

資金収支計算書の特徴

　社会福祉法人は、期首に資金収支予算を立てて承認を得、期中はそれに基づいて実行し、決算では差異を把握するというサイクルで運営されます。

　したがって資金収支計算書も、**予算欄**、**決算欄**、**差異欄**を縦に設けており、予算と決算を比較しやすい表示にしています。

資金収支計算書の区分

　社会福祉法人の資金収支計算書は、3つの区分に分かれ、それぞれに該当する収入と支出が記載されます。

1．**事業活動による収支**

　保険事業や福祉事業、措置事業（入所や通所の決定を、社会福祉法人ではなく**行政**が行う事業）による収入、経常経費寄附金収入といった事業活動による収入、人件費支出、事業費支出、事務費支出といった事業活動に関わる支出が記載され、この差額として**事業活動資金収支差額**が計算されます。

　事業活動収入に受取利息配当金収入が、事業活動支出に支払利息支出が含まれるのが事業活動計算書との違いです。

２．施設設備等による収支

　　施設整備等補助金収入や施設整備等寄附金収入が記載され、固定資産取得支出や設備資金借入金元金償還支出といった支出も記載されます。

　　この差額として**施設整備等資金収支差額**が計算されます。

３．その他の活動による収支

　　長期運営資金借入金収入や、投資有価証券売却収入、積立資産取崩収入といった収入が記載され、長期運営資金借入金元金償還支出や投資有価証券取得支出、積立資産支出といった支出が記載されます。

　　この差額として**その他の活動資金収支差額**が計算されます。

上記３つの区分の収支差額を合計し、**当期資金収支差額合計額**が計算されます。

４．資金収支計算書の末尾

　　当期資金収支差額合計に前期末支払資金残高を加算し、**当期末支払資金残高**を計算します。

　　資金収支計算書は、一般企業で作成されるキャッシュ・フロー計算書に相当することから、C/F と略されます。

以下、各事業所で作成される資金収支計算書（第１号第４様式）の様式を紹介しておきます。

第一号第四様式(第十七条第四項関係)

(何)拠点区分　資金収支計算書

(自)令和　年　月　日　(至)令和　年　月　日

(単位：円)

勘定科目			予算(A)	決算(B)	差異(A)－(B)	備考
事業活動による収支	収入	介護保険事業収入				
		施設介護料収入				
		介護報酬収入				
		利用者負担金収入(公費)				
		利用者負担金収入(一般)				
		居宅介護料収入				
		(介護報酬収入)				
		介護報酬収入				
		介護予防報酬収入				
		(利用者負担金収入)				
		介護負担金収入(公費)				
		介護負担金収入(一般)				
		介護予防負担金収入(公費)				
		介護予防負担金収入(一般)				
		地域密着型介護料収入				
		(介護報酬収入)				
		介護報酬収入				
		介護予防報酬収入				
		(利用者負担金収入)				
		介護負担金収入(公費)				
		介護負担金収入(一般)				
		介護予防負担金収入(公費)				
		介護予防負担金収入(一般)				
		居宅介護支援介護料収入				
		居宅介護支援介護料収入				
		介護予防支援介護料収入				
		介護予防・日常生活支援総合事業収入				
		事業費収入				
		事業負担金収入(公費)				
		事業負担金収入(一般)				
		利用者等利用料収入				
		施設サービス利用料収入				
		居宅介護サービス利用料収入				
		地域密着型介護サービス利用料収入				
		食費収入(公費)				
		食費収入(一般)				
		食費収入(特定)				
		居住費収入(公費)				
		居住費収入(一般)				
		居住費収入(特定)				
		介護予防・日常生活支援総合事業利用料収入				
		その他の利用料収入				
		その他の事業収入				
		補助金事業収入(公費)				
		補助金事業収入(一般)				
		市町村特別事業収入(公費)				
		市町村特別事業収入(一般)				
		受託事業収入(公費)				
		受託事業収入(一般)				
		その他の事業収入				
		(保険等査定減)				
		老人福祉事業収入				
		措置事業収入				
		事務費収入				
		事業費収入				
		その他の利用料収入				
		その他の事業収入				
		運営事業収入				
		管理費収入				
		その他の利用料収入				
		補助金事業収入(公費)				
		補助金事業収入(一般)				
		その他の事業収入				
		その他の事業収入				
		管理費収入				
		その他の利用料収入				
		その他の事業収入				

児童福祉事業収入
  措置費収入
    事務費収入
    事業費収入
  私的契約利用料収入
  その他の事業収入
    補助金事業収入(公費)
    補助金事業収入(一般)
    受託事業収入(公費)
    受託事業収入(一般)
    その他の事業収入
保育事業収入
  施設型給付費収入
    施設型給付費収入
    利用者負担金収入
  特例施設型給付費収入
    特例施設型給付費収入
    利用者負担金収入
  地域型保育給付費収入
    地域型保育給付費収入
    利用者負担金収入
  特例地域型保育給付費収入
    特例地域型保育給付費収入
    利用者負担金収入
  委託費収入
  利用者等利用料収入
    利用者等利用料収入(公費)
    利用者等利用料収入(一般)
    その他の利用料収入
  私的契約利用料収入
  その他の事業収入
    補助金事業収入(公費)
    補助金事業収入(一般)
    受託事業収入(公費)
    受託事業収入(一般)
    その他の事業収入
就労支援事業収入
  (何)事業収入
障害福祉サービス等事業収入
  自立支援給付費収入
    介護給付費収入
    特例介護給付費収入
    訓練等給付費収入
    特例訓練等給付費収入
    地域相談支援給付費収入
    特例地域相談支援給付費収入
    計画相談支援給付費収入
    特例計画相談支援給付費収入
  障害児施設給付費収入
    障害児通所給付費収入
    特例障害児通所給付費収入
    障害児入所給付費収入
    障害児相談支援給付費収入
    特例障害児相談支援給付費収入
  利用者負担金収入
  補足給付費収入
    特定障害者特別給付費収入
    特例特定障害者特別給付費収入
    特定入所障害児食費等給付費収入
  特定費用収入
  その他の事業収入
    補助金事業収入(公費)
    補助金事業収入(一般)
    受託事業収入(公費)
    受託事業収入(一般)
    その他の事業収入
  (保険等査定減)
生活保護事業収入
  措置費収入
    事務費収入
    事業費収入
  授産事業収入
    (何)事業収入

	利用者負担金収入			
	その他の事業収入			
	補助金事業収入(公費)			
	補助金事業収入(一般)			
	受託事業収入(公費)			
	受託事業収入(一般)			
	その他の事業収入			
	医療事業収入			
	入院診療収入(公費)			
	入院診療収入(一般)			
	室料差額収入			
	外来診療収入(公費)			
	外来診療収入(一般)			
	保健予防活動収入			
	受託検査・施設利用収入			
	訪問看護療養費収入(公費)			
	訪問看護療養費収入(一般)			
	訪問看護利用料収入			
	訪問看護基本利用料収入			
	訪問看護その他の利用料収入			
	その他の医療事業収入			
	補助金事業収入(公費)			
	補助金事業収入(一般)			
	受託事業収入(公費)			
	受託事業収入(一般)			
	その他の医療事業収入			
	(保険等査定減)			
	退職共済事業収入			
	事務費収入			
	(何)事業収入			
	(何)事業収入			
	その他の事業収入			
	補助金事業収入(公費)			
	補助金事業収入(一般)			
	受託事業収入(公費)			
	受託事業収入(一般)			
	その他の事業収入			
	(何)収入			
	(何)収入			
	借入金利息補助金収入			
	経常経費寄附金収入			
	受取利息配当金収入			
	社会福祉連携推進業務貸付金受取利息収入			
	その他の収入			
	受入研修費収入			
	利用者等外給食費収入			
	雑収入			
	流動資産評価益等による資金増加額			
	有価証券売却益			
	有価証券評価益			
	為替差益			
	事業活動収入計(1)			
	人件費支出			
	役員報酬支出			
	役員退職慰労金支出			
	職員給料支出			
	職員賞与支出			
	非常勤職員給与支出			
	派遣職員費支出			
	退職給付支出			
	法定福利費支出			
	事業費支出			
	給食費支出			
	介護用品費支出			
	医薬品費支出			
	診療・療養等材料費支出			
	保健衛生費支出			
	医療費支出			
	被服費支出			
	教養娯楽費支出			
支出	日用品費支出			
	保育材料費支出			
	本人支給金支出			

水道光熱費支出
燃料費支出
消耗器具備品費支出
保険料支出
賃借料支出
教育指導費支出
就職支度費支出
葬祭費支出
車輌費支出
管理費返還支出
(何)費支出
雑支出
事務費支出
　福利厚生費支出
　職員被服費支出
　旅費交通費支出
　研修研究費支出
　事務消耗品費支出
　印刷製本費支出
　水道光熱費支出
　燃料費支出
　修繕費支出
　通信運搬費支出
　会議費支出
　広報費支出
　業務委託費支出
　手数料支出
　保険料支出
　賃借料支出
　土地・建物賃借料支出
　租税公課支出
　保守料支出
　渉外費支出
　諸会費支出
　(何)費支出
　雑支出
就労支援事業支出
　就労支援事業販売原価支出
　　就労支援事業製造原価支出
　　就労支援事業仕入支出
　就労支援事業販管費支出
授産事業支出
　(何)事業支出
退職共済事業支出
事務費支出
(何)支出
利用者負担軽減額
支払利息支出
社会福祉連携推進業務借入金支払利息支出
その他の支出
　利用者等外給食費支出
　雑支出
流動資産評価損等による資金減少額
　有価証券売却損
　資産評価損
　　有価証券評価損
　　(何)評価損
　為替差損
　貸倒損失額
　徴収不能額

| 事業活動支出計(2) | | | |
| 事業活動資金収支差額(3)＝(1)－(2) | | | |

施設整備等補助金収入
　施設整備等補助金収入
　設備資金借入金元金償還補助金収入
施設整備等寄附金収入
　施設整備等寄附金収入
　設備資金借入金元金償還寄附金収入
設備資金借入金収入
社会福祉連携推進業務設備資金借入金収入
固定資産売却収入
　車輌運搬具売却収入
　器具及び備品売却収入
　(何)売却収入

施設整備等　収入

による収支		その他の施設整備等による収入				
		(何)収入				
		施設整備等収入計(4)				
	支出	設備資金借入金元金償還支出				
		社会福祉連携推進業務設備資金借入金元金償還支出				
		固定資産取得支出				
		土地取得支出				
		建物取得支出				
		車輌運搬具取得支出				
		器具及び備品取得支出				
		(何)取得支出				
		固定資産除却・廃棄支出				
		ファイナンス・リース債務の返済支出				
		その他の施設整備等による支出				
		(何)支出				
		施設整備等支出計(5)				
		施設整備等資金収支差額(6)＝(4)−(5)				
その他の活動による収支	収入	長期運営資金借入金元金償還寄附金収入				
		長期運営資金借入金収入				
		役員等長期借入金収入				
		社会福祉連携推進業務長期運営資金借入金収入				
		長期貸付金回収収入				
		社会福祉連携推進業務長期貸付金回収収入				
		投資有価証券売却収入				
		積立資産取崩収入				
		退職給付引当資産取崩収入				
		長期預り金積立資産取崩収入				
		(何)積立資産取崩収入				
		事業区分間長期借入金収入				
		拠点区分間長期借入金収入				
		事業区分間長期貸付金回収収入				
		拠点区分間長期貸付金回収収入				
		事業区分間繰入金収入				
		拠点区分間繰入金収入				
		その他の活動による収入				
		退職共済預り金収入				
		退職共済事業管理資産取崩収入				
		(何)収入				
		その他の活動収入計(7)				
	支出	長期運営資金借入金元金償還支出				
		役員等長期借入金元金償還支出				
		社会福祉連携推進業務長期運営資金借入金元金償還支出				
		長期貸付金支出				
		社会福祉連携推進業務長期貸付金支出				
		投資有価証券取得支出				
		積立資産支出				
		退職給付引当資産支出				
		長期預り金積立資産支出				
		(何)積立資産支出				
		事業区分間長期貸付金支出				
		拠点区分間長期貸付金支出				
		事業区分間長期借入金返済支出				
		拠点区分間長期借入金返済支出				
		事業区分間繰入金支出				
		拠点区分間繰入金支出				
		その他の活動による支出				
		退職共済預り金返還支出				
		退職共済事業管理資産支出				
		(何)支出				
		その他の活動支出計(8)				
		その他の活動資金収支差額(9)＝(7)−(8)				
予備費支出(10)			×××] △××××]	—	×××	
当期資金収支差額合計(11)＝(3)＋(6)＋(9)−(10)						
前期末支払資金残高(12)						
当期末支払資金残高(11)＋(12)						

(注)　予備費支出△×××円は(何)支出に充当使用した額である。

※　本様式は、勘定科目の小区分までを記載し、必要のない勘定科目は省略できるものとする。

※　勘定科目の中区分についてはやむを得ない場合、小区分については適当な科目を追加できるものとする。なお、小区分を更に区分する必要がある場合には、小区分の下に適当な科目を設けて処理することができるものとする。

17 事業活動計算書

事業活動計算書とは？

　社会福祉法人の当期における全ての純資産の増減内容を報告するための計算書類です。

　具体的には、当期に得た収益から当期に発生した費用を差引いて「**当期活動増減差額**」を求めます。

　次に、この当期活動増減差額に前期繰越活動増減差額を加えることで「**当期末繰越活動増減差額**」を計算します。

　最後に、この当期末繰越活動増減差額に基本金や積立金の取崩額を加算し、積立金の積立額を減算すると貸借対照表の「**次期繰越活動増減差額**」となります。

　事業活動計算書は、一般企業の「**損益計算書**」に該当します。「損益計算書」は英語で Profit & Loss Statement と呼ばれることから P/L と略されます。

5

社会福祉法人の計算書類

　収益と費用の差額である「当期活動増減差額」は、社会福祉法人の事業活動の「成果」と捉えてください。

収益と費用

　収益とは、福祉サービスを提供した対価として受取る報酬などで、純資産の増加要因です。

　費用とはサービスを提供するため、または社会福祉法人を運営していくために必要な支出で、純資産の減少要因です。

　社会福祉法人の具体的な収益、費用の科目の一部を紹介します。

収益

○○事業収益	サービスを提供した対価としての報酬額 ○○事業収益の「○○」は具体的なサービスの内容を記載する 例：介護保険事業収益　保育事業収益　等
経常経費寄附金収益	施設運営の経費として受取った寄附金額

費用

職員給料	施設職員に対する給与
給食費	施設で提供する食事の材料費など
事務消耗品費	施設で利用する文房具等の購入代金
減価償却費	固定資産の価値減少分の費用化額

当期活動増減差額

当期の収益から当期の費用を差し引いて、「当期活動増減差額」を求めます。

「**当期活動増減差額**」は、社会福祉法人の１年間の活動の成果であり、プラスであれば純資産は増加し、マイナスであれば減少します。

収益＞費用の場合

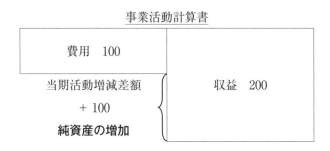

収益＜費用の場合

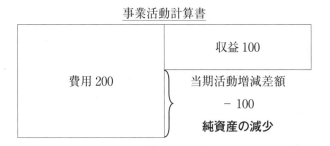

point

収益 ＞ 費用 ⇒ ＋の当期活動増減差額　純資産の増加

収益 ＜ 費用 ⇒ －の当期活動増減差額　純資産の減少

事業活動計算書の特徴

　事業活動計算書は、以下の３つに分かれ、それぞれに該当する収益と費用が記載されます。

１．サービス活動増減の部

　社会福祉事業の対象者に対するサービスの提供に関する収益と費用が計上される区分です。

　具体的には、社会福祉事業によって得た収益と、人件費、事業費、事務費といったサービスの提供に関する費用が計上され、その結果として**サービス活動増減差額**が計算されます。

２．サービス活動外増減の部

　収益であれば、受取利息や配当金、費用であれば支払利息など、サービス活動の提供に直接的には関係しない収益と費用が計上され、結果として**経常増減差額**が計算されます。

３．特別増減の部

　経常的でない、臨時的な収益と費用が計上される区分です。

　具体的には、収益であれば、施設設備等補助金収益や固定資産受贈額など、費用であれば、固定資産売却損・処分損、さらには基本金を組み入れる際には基本金組入額といった、実質的には費用でないものも記載されます。

　この結果、当期のすべての活動による純資産の増減額を表す**当期活動増減差額**が計算されます。

　　事業活動計算書の末尾は、当期活動増減差額に前期繰越活動増減差額を加えて、次期繰越活動増減差額を算定しますが、ここでは割愛しています。

　以下、各事業所で作成される事業活動計算書（第２号第４様式）の様式を紹介しておきます。

第二号第四様式(第二十三条第四項関係)

(何)拠点区分　事業活動計算書

(自)令和　年　月　日　(至)令和　年　月　日

(単位：円)

勘定科目	当年度決算(A)	前年度決算(B)	増減(A)－(B)
介護保険事業収益			
施設介護料収益			
介護報酬収益			
利用者負担金収益(公費)			
利用者負担金収益(一般)			
居宅介護料収益			
(介護報酬収益)			
介護報酬収益			
介護予防報酬収益			
(利用者負担金収益)			
介護負担金収益(公費)			
介護負担金収益(一般)			
介護予防負担金収益(公費)			
介護予防負担金収益(一般)			
地域密着型介護料収益			
(介護報酬収益)			
介護報酬収益			
介護予防報酬収益			
(利用者負担金収益)			
介護負担金収益(公費)			
介護負担金収益(一般)			
介護予防負担金収益(公費)			
介護予防負担金収益(一般)			
居宅介護支援介護料収益			
居宅介護支援介護料収益			
介護予防支援介護料収益			
介護予防・日常生活支援総合事業収益			
事業費収益			
事業負担金収益(公費)			
事業負担金収益(一般)			
利用者等利用料収益			
施設サービス利用料収益			
居宅介護サービス利用料収益			
地域密着型介護サービス利用料収益			
食費収益(公費)			
食費収益(一般)			
食費収益(特定)			
居住費収益(公費)			
居住費収益(一般)			
居住費収益(特定)			
介護予防・日常生活支援総合事業利用料収益			
その他の利用料収益			
その他の事業収益			
補助金事業収益(公費)			
補助金事業収益(一般)			
市町村特別事業収益(公費)			
市町村特別事業収益(一般)			
受託事業収益(公費)			
受託事業収益(一般)			
その他の事業収益			
(保険等査定減)			
老人福祉事業収益			
措置事業収益			
事務費収益			
事業費収益			
その他の利用料収益			
その他の事業収益			
運営事業収益			
管理費収益			
その他の利用料収益			
補助金事業収益(公費)			
補助金事業収益(一般)			
その他の事業収益			
その他の事業収益			
管理費収益			
その他の利用料収益			

（左欄：サービス活動増減の部／収益）

その他の事業収益
　児童福祉事業収益
　　措置費収益
　　　事務費収益
　　　事業費収益
　　私的契約利用料収益
　　その他の事業収益
　　　補助金事業収益(公費)
　　　補助金事業収益(一般)
　　　受託事業収益(公費)
　　　受託事業収益(一般)
　　　その他の事業収益
　保育事業収益
　　施設型給付費収益
　　　施設型給付費収益
　　　利用者負担金収益
　　特例施設型給付費収益
　　　特例施設型給付費収益
　　　利用者負担金収益
　　地域型保育給付費収益
　　　地域型保育給付費収益
　　　利用者負担金収益
　　特例地域型保育給付費収益
　　　特例地域型保育給付費収益
　　　利用者負担金収益
　　委託費収益
　　利用者等利用料収益
　　　利用者等利用料収益(公費)
　　　利用者等利用料収益(一般)
　　　その他の利用料収益
　　私的契約利用料収益
　　その他の事業収益
　　　補助金事業収益(公費)
　　　補助金事業収益(一般)
　　　受託事業収益(公費)
　　　受託事業収益(一般)
　　　その他の事業収益
　就労支援事業収益
　　(何)事業収益
　障害福祉サービス等事業収益
　　自立支援給付費収益
　　　介護給付費収益
　　　特例介護給付費収益
　　　訓練等給付費収益
　　　特例訓練等給付費収益
　　　地域相談支援給付費収益
　　　特例地域相談支援給付費収益
　　　計画相談支援給付費収益
　　　特例計画相談支援給付費収益
　　障害児施設給付費収益
　　　障害児通所給付費収益
　　　特例障害児通所給付費収益
　　　障害児入所給付費収益
　　　障害児相談支援給付費収益
　　　特例障害児相談支援給付費収益
　　利用者負担金収益
　　補足給付費収益
　　　特定障害者特別給付費収益
　　　特例特定障害者特別給付費収益
　　　特定入所障害児食費等給付費収益
　　特定費用収益
　　その他の事業収益
　　　補助金事業収益(公費)
　　　補助金事業収益(一般)
　　　受託事業収益(公費)
　　　受託事業収益(一般)
　　　その他の事業収益
　　(保険等査定減)
　生活保護事業収益
　　措置費収益
　　　事務費収益

	事業費収益			
	授産事業収益			
	(何)事業収益			
	利用者負担金収益			
	その他の事業収益			
	補助金事業収益(公費)			
	補助金事業収益(一般)			
	受託事業収益(公費)			
	受託事業収益(一般)			
	その他の事業収益			
	医療事業収益			
	入院診療収益(公費)			
	入院診療収益(一般)			
	室料差額収益			
	外来診療収益(公費)			
	外来診療収益(一般)			
	保健予防活動収益			
	受託検査・施設利用収益			
	訪問看護療養費収益(公費)			
	訪問看護療養費収益(一般)			
	訪問看護利用料収益			
	訪問看護基本利用料収益			
	訪問看護その他の利用料収益			
	その他の医療事業収益			
	補助金事業収益(公費)			
	補助金事業収益(一般)			
	受託事業収益(公費)			
	受託事業収益(一般)			
	その他の医収益			
	(保険等査定減)			
	退職共済事業収益			
	事務費収益			
	(何)事業収益			
	(何)事業収益			
	その他の事業収益			
	補助金事業収益(公費)			
	補助金事業収益(一般)			
	受託事業収益(公費)			
	受託事業収益(一般)			
	その他の事業収益			
	(何)収益			
	(何)収益			
	経常経費寄附金収益			
	その他の収益			
	サービス活動収益計(1)			
	人件費			
	役員報酬			
	役員退職慰労金			
	役員退職慰労引当金繰入			
	職員給料			
	職員賞与			
	賞与引当金繰入			
	非常勤職員給与			
	派遣職員費			
	退職給付費用			
	法定福利費			
	事業費			
	給食費			
	介護用品費			
	医薬品費			
	診療・療養等材料費			
	保健衛生費			
	医療費			
	被服費			
	教養娯楽費			
費用	日用品費			
	保育材料費			
	本人支給金			
	水道光熱費			
	燃料費			
	消耗器具備品費			

	保険料				
	賃借料				
	教育指導費				
	就職支度費				
	葬祭費				
	車輌費				
	棚卸資産評価損				
	(何)費				
	雑費				
	事務費				
	福利厚生費				
	職員被服費				
	旅費交通費				
	研修研究費				
	事務消耗品費				
	印刷製本費				
	水道光熱費				
	燃料費				
	修繕費				
	通信運搬費				
	会議費				
	広報費				
	業務委託費				
	手数料				
	保険料				
	賃借料				
	土地・建物賃借料				
	租税公課				
	保守料				
	渉外費				
	諸会費				
	(何)費				
	雑費				
	就労支援事業費用				
	就労支援事業販売原価				
	期首製品(商品)棚卸高				
	当期就労支援事業製造原価				
	当期就労支援事業仕入高				
	期末製品(商品)棚卸高				
	就労支援事業販管費				
	授産事業費用				
	(何)事業費				
	退職共済事業費用				
	事務費				
	(何)費用				
	利用者負担軽減額				
	減価償却費				
	国庫補助金等特別積立金取崩額	△×××	△×××		
	貸倒損失額				
	貸倒引当金繰入				
	徴収不能額				
	徴収不能引当金繰入				
	その他の費用				
	サービス活動費用計(2)				
	サービス活動増減差額(3)＝(1)－(2)				
収益	借入金利息補助金収益				
	受取利息配当金収益				
	社会福祉連携推進業務貸付金受取利息収益				
	有価証券評価益				
	有価証券売却益				
	基本財産評価益				
	投資有価証券評価益				
	投資有価証券売却益				
	積立資産評価益				
	その他のサービス活動外収益				
	受入研修費収益				
	利用者等外給食収益				
	為替差益				
	退職共済事業管理資産評価益				
	退職共済預り金戻入額				
サービス活	雑収益				

		勘定科目			
動外増減の部	費用	サービス活動外収益計(4)			
		支払利息			
		社会福祉連携推進業務借入金支払利息			
		有価証券評価損			
		有価証券売却損			
		基本財産評価損			
		投資有価証券評価損			
		投資有価証券売却損			
		積立資産評価損			
		その他のサービス活動外費用			
		利用者等外給食費			
		為替差損			
		退職共済事業管理資産評価損			
		退職共済預り金繰入額			
		雑損失			
		サービス活動外費用計(5)			
		サービス活動外増減差額(6) = (4) − (5)			
		経常増減差額(7) = (3) + (6)			
特別増減の部	収益	施設整備等補助金収益			
		施設整備等補助金収益			
		設備資金借入金元金償還補助金収益			
		施設整備等寄附金収益			
		施設整備等寄附金収益			
		設備資金借入金元金償還寄附金収益			
		長期運営資金借入金元金償還寄附金収益			
		固定資産受贈額			
		(何)受贈額			
		固定資産売却益			
		車輌運搬具売却益			
		器具及び備品売却益			
		(何)売却益			
		事業区分間繰入金収益			
		拠点区分間繰入金収益			
		事業区分間固定資産移管収益			
		拠点区分間固定資産移管収益			
		その他の特別収益			
		貸倒引当金戻入益			
		徴収不能引当金戻入益			
		特別収益計(8)			
	費用	基本金組入額			
		資産評価損			
		固定資産売却損・処分損			
		建物売却損・処分損			
		車輌運搬具売却損・処分損			
		器具及び備品売却損・処分損			
		その他の固定資産売却損・処分損			
		国庫補助金等特別積立金取崩額(除却等)	△×××	△×××	
		国庫補助金等特別積立金積立額			
		災害損失			
		事業区分間繰入金費用			
		拠点区分間繰入金費用			
		事業区分間固定資産移管費用			
		拠点区分間固定資産移管費用			
		その他の特別損失			
		特別費用計(9)			
		特別増減差額(10) = (8) − (9)			
		当期活動増減差額(11) = (7) + (10)			
繰越活動増減差額の部		前期繰越活動増減差額(12)			
		当期末繰越活動増減差額(13) = (11) + (12)			
		基本金取崩額(14)			
		その他の積立金取崩額(15)			
		(何)積立金取崩額			
		その他の積立金積立額(16)			
		(何)積立金積立額			
		次期繰越活動増減差額(17) = (13) + (14) + (15) − (16)			

※　本様式は、勘定科目の小区分までを記載し、必要のない勘定科目は省略できるものとする。
※　勘定科目の中区分についてはやむを得ない場合、小区分については適当な科目を追加できるものとする。
　　なお、小区分を更に区分する必要がある場合には、小区分の下に適当な科目を設けて処理することができるものとする。

18 貸借対照表

貸借対照表とは？

貸借対照表とは、社会福祉法人の決算日における財産の状況を報告するための計算書類です。

左側には資産が記載され、右の上部には負債、下部には純資産が記載されます。

貸借対照表は**左側（資産）の合計と右側（負債及び純資産）の合計が必ず一致する**ことから、Balance Sheet（バランスシート）とも呼ばれ、英語の頭文字からB/Sと略されます。

貸借対照表は資金の流れを示す表でもあり、右側の負債と純資産は資金をどのように調達したか（資金の調達源泉）を示し、左側の資産は、資金をどのように運用したか（資金の運用形態）を示しています。

貸借対照表（概要）

資　産	負　債
	純資産 （資産－負債）

point

資産 － 負債 ＝ 純資産

資産 ＝ 負債 ＋ 純資産

貸借対照表の借方と貸方は必ず一致します。これを「貸借平均の原理」と言います。

持っているものが資産

「あなたは、どのような資産を持っていますか？」と聞かれたら、みなさんは財布の中の現金や銀行の預金などを思い浮かべるかもしれません。しかし、資産はそれだけでしょうか？

電化製品はもちろんのこと、住宅や車などをお持ちの方もいらっしゃることでしょう。

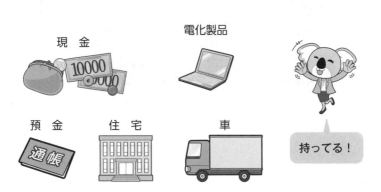

現　金　　　　電化製品
預　金　　　住　宅　　　車　　　持ってる！

これらのすべてが、あなたの**資産**ということになります。「持っていてプラスになるもの」、これが資産です。

返さなければならないものが負債

「あなたが返さなければならないもの」には、どのようなものがありますか？

　住宅や車のローンがある、家族に借金がある、奨学金の返済が残っているという方もいらっしゃることでしょう。

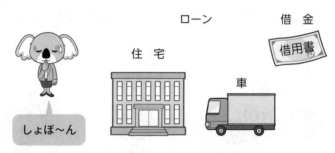

借りているもの、これから支払わなければならないものなどです。

「これから支払わなければならないもの」のすべてが**負債**ということになります。

流動資産と固定資産　流動負債と固定負債

　さらに、資産は「**流動資産**」と「**固定資産**」に区分し、負債は「**流動負債**」と「**固定負債**」に区分します。

　この流動と固定の区分は、「短期的に回収や支払いができるかどうか」で判断します。

　具体的には決算日を基準として1年以内（**短期的**）に回収される**資産**を「流動資産」、1年以内（**短期的**）に支払わなくてはならない**負債**を「流動負債」とし、それ以外を長期的なものとして「固定資産」「固定負債」に分類します。

　この流動と固定の分類方法を「**1年基準**」といいます。

貸借対照表（概要）

流動資産	流動負債
	固定負債
固定資産	純資産

　例えば、商品の購入代金や給料は、現金や預金でなら支払うことができますが、同じ資産であっても土地や建物では支払えません。そこで、貸借対照表では短期的に現金化できる「流動資産」と、そうでない「固定資産」とに分けて記載する必要性が生じてきます。

　給料として土地をドーンともらっても、日々の食費に充てることもできないので飢えてしまいそうですよね。

社会福祉法人の元手となるのが純資産

　純資産は、資産と負債の差額ですが、言い換えれば社会福祉法人の「自己資本」とも言えます。株式会社であれば株主からの払込金である「資本金」が会社の元手となっていますが、社会福祉法人は非営利なので配当などの利益分配は行いません。したがって、個人や民間企業などからの「寄附」が社会福祉法人の元手となります。

　社会福祉法人の具体的な資産、負債、純資産の科目は以下のとおりです。

流動資産

現　金　預　金	紙幣や小銭、普通預金などの総称
事　業　未　収　金	福祉サービスに対する報酬の未回収分 請求から回収までの未回収期間に用いる
立　　替　　金	一時的に立替払いした金額
短　期　貸　付　金	1年以内に回収期限が到来する貸付金
仮　　払　　金	内容・金額が未確定の支出額で、内容・金額が確定するまでの間に用いる
貯　　蔵　　品	消耗品等の物品のうち未使用のもの

流動負債

事　業　未　払　金	利用者に対するサービス提供のための費用の未払い分
職　員　預　り　金	職員に支払う給与から差し引く源泉所得税などの一時的な預かり額
仮　　受　　金	内容が不明な金額を受け入れた場合に、内容が判明するまでの間に用いる
短期運営資金借入金	事業の運営費として銀行などから借りた、1年以内に返済する借入金

固定資産

土　　　　　地	社会福祉法人が所有している土地
建　　　　　物	社会福祉法人が所有している建物
車　輌　運　搬　具	社会福祉法人が送迎などに利用する車など
器　具　及　び　備　品	施設で利用するソファーやテーブル等

固定負債

設　備　資　金　借　入　金	土地や建物の購入のための銀行などからの借入額で返済期限が1年以上のもの
長期運営資金借入金	事業の運営費としての銀行などからの借入額で返済期限が1年以上のもの

純資産

基　　本　　金	社会福祉法人の設立や施設の創設のために無償で受け入れた寄附金額や土地などの贈与額
国庫補助金等特別積立金	社会福祉法人の施設の建設に対する国または地方公共団体からの補助金
次期繰越活動増減差額	社会福祉法人の事業活動から生じた剰余金

社会福祉法人の貸借対照表の特徴

　一般企業の貸借対照表と基本的には同じですが、社会福祉法人の貸借対照表には次の特徴があります。

１．固定資産の区分と内容

　固定資産が、受け入れた**基本金や国庫補助金などで取得した、維持すべき資産**である「基本財産」と、それ以外の「その他の固定資産」に区分されています。

２．純資産の区分と内容

　純資産の区分に、**外部から受け入れた「基本金」**の他に、**国や地方公共団体等から受け入れた「国庫補助金等特別積立金」**、さらに、社会福祉法人として**活動した結果、当期末に残ったもの**を表す「次期繰越活動増減差額」といった科目が表示されています。

> 　「基本財産」とは、当該社会福祉法人の定款に「基本財産」として定められている固定資産のことです。

　以下、各事業所で作成される貸借対照表（第３号第４様式）の様式を紹介しておきます。

第三号第四様式(第二十七条第四項関係)

(何)拠点区分　貸借対照表

令和　年　月　日現在

(単位：円)

資　産　の　部				負　債　の　部			
	当年度末	前年度末	増減		当年度末	前年度末	増減
流動資産				流動負債			
現金預金				短期運営資金借入金			
有価証券				事業未払金			
事業未収金				その他の未払金			
未収金				支払手形			
未収補助金				社会福祉連携推進業務短期運営資金借入金			
未収収益				役員等短期借入金			
受取手形				1年以内返済予定社会福祉連携推進業務設備資金借入金			
貯蔵品							
医薬品				1年以内返済予定設備資金借入金			
診療・療養費等材料				1年以内返済予定社会福祉連携推進業務長期運営資金借入金			
給食用材料							
商品・製品				1年以内返済予定長期運営資金借入金			
仕掛品							
原材料				1年以内返済予定リース債務			
立替金				1年以内返済予定役員等長期借入金			
前払金							
前払費用				1年以内返済予定事業区分間長期借入金			
1年以内回収予定社会福祉連携推進業務長期貸付金							
				1年以内返済予定拠点区分間長期借入金			
1年以内回収予定長期貸付金							
1年以内回収予定事業区分間長期貸付金				1年以内支払予定長期未払金			
				未払費用			
1年以内回収予定拠点区分間長期貸付金				預り金			
				職員預り金			
社会福祉連携推進業務短期貸付金				前受金			
				前受収益			
短期貸付金				事業区分間借入金			
事業区分間貸付金				拠点区分間借入金			
拠点区分間貸付金				仮受金			
仮払金				賞与引当金			
その他の流動資産				その他の流動負債			
貸倒引当金	△×××	△×××					
徴収不能引当金	△×××	△×××					
固定資産				固定負債			
基本財産				社会福祉連携推進業務設備資金借入金			
土地							
建物				設備資金借入金			
建物減価償却累計額	△×××	△×××		社会福祉連携推進業務長期運営資金借入金			
定期預金							
投資有価証券				長期運営資金借入金			
その他の固定資産				リース債務			
土地				役員等長期借入金			
建物				事業区分間長期借入金			
構築物				拠点区分間長期借入金			
機械及び装置				退職給付引当金			
車輌運搬具				役員退職慰労引当金			
器具及び備品				長期未払金			
建設仮勘定				長期預り金			
有形リース資産				退職共済事業管理資産			
(何)減価償却累計額	△×××	△×××		その他の固定負債			
権利				負債の部合計			
ソフトウェア				純　資　産　の　部			
無形リース資産				基本金			
投資有価証券				国庫補助金等特別積立金			
社会福祉連携推進業務長期貸付金				その他の積立金			
				(何)積立金			
長期貸付金				次期繰越活動増減差額			
事業区分間長期貸付金				(うち当期活動増減差額)			
拠点区分間長期貸付金							
退職給付引当資産							
長期預り金積立資産							
退職共済事業管理資産							
(何)積立資産							
差入保証金							
長期前払費用							
その他の固定資産							
貸倒引当金	△×××	△×××					
徴収不能引当金	△×××	△×××		純資産の部合計			
資産の部合計				負債及び純資産の部合計			

※　本様式は、勘定科目の大区分及び中区分を記載するが、必要のない中区分の勘定科目は省略することができる。

※　勘定科目の中区分についてはやむを得ない場合、適当な科目を追加できるものとする。

貸借対照表と資金収支計算書の関係

　プラスの支払資金である流動資産と、マイナスの支払資金である流動負債の差額が「支払資金残高」であることは学習しました。

　この支払資金残高は社会福祉法人の短期的に支払うことのできる「支払能力」を表しています。そして、この「支払資金残高」は貸借対照表の流動資産、流動負債の差額で計算することができます。

貸借対照表

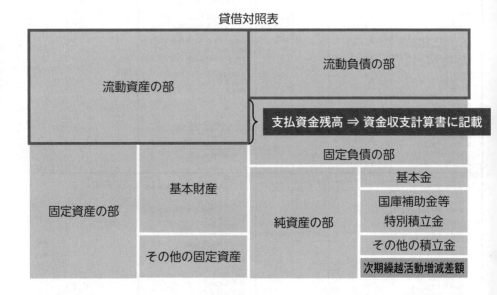

　例えば、流動資産が500あり、流動負債が200あった場合、差引支払資金は500 − 200 ＝ 300となります。

　例えば、送迎用車輌を現金500で購入したとき、この取引を貸借対照表にあてはめてみましょう。

　固定資産（その他の固定資産）である車輌運搬具は 500 増加し、流動資産である現金預金は 500 減少します。

貸借対照表

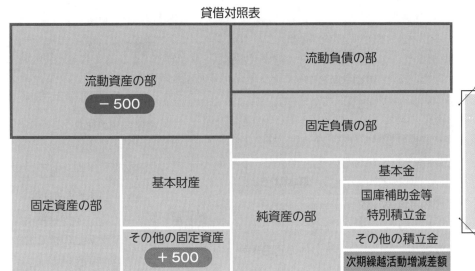

　この取引は**プラスの支払資金である流動資産が減少している**ため、資金収支計算書に計上する必要があります。

次に、短期運営資金借入金 500 を借り入れたとき、この取引も貸借対照表にあてはめてみましょう。

貸借対照表

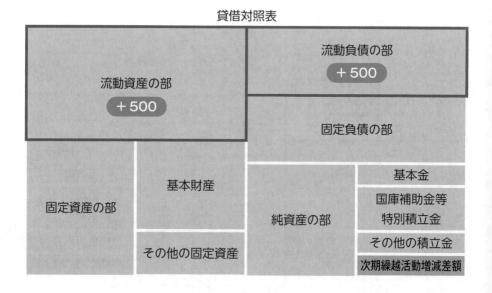

この取引はプラスの**支払資金である流動資産が増加**し、それと同時にマイナスの**支払資金である流動負債も増加**しているため、**支払資金残高は増減していません。**

例えば、流動資産が 500 と流動負債が 200、元々あったとします。この時の差引支払資金は 500 － 200 ＝ 300 になります。

これに今回の取引である 500 を流動資産と流動負債にそれぞれ追加したとしても、(500 ＋ 500) － (200 ＋ 500) ＝ 300 となり、増減してないことがわかります。

このように流動資産も流動負債も同時に増加又は減少する場合、この取引は**資金収支計算書に計上されません。**

　流動資産も流動負債も同時に増加又は減少する場合の取引は、資金収支計算書に計上されないので注意しましょう！

　では、事業未収金500が普通預金に入金された場合は、どうなるでしょうか？

　流動資産である現金預金が500増加し、流動資産である事業未収金は500減少します。

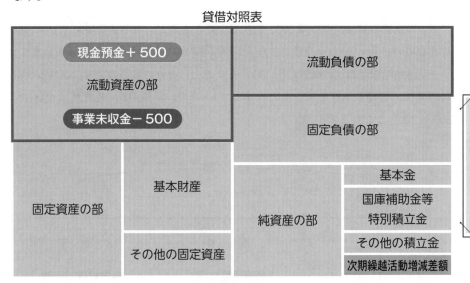

貸借対照表

　この取引はプラスの支払資金である流動資産の中で増加と減少が起きており、事業未収金が現金預金に振り替えられただけです。そのため、支払資金残高は増減していません。

　このように流動資産の中での増減の場合、この取引は資金収支計算書に計上されません。

　同様に流動負債の中における増減の場合の仕訳も、資金収支計算書に計上されないので注意しましょう！

貸借対照表と事業活動計算書の関係

　当期の期首における貸借対照表は、資産1,000、負債700、純資産は300であったとしましょう。

　期中の活動の結果、収益は500、費用は400とすると、当期活動増減差額は、収益と費用の差額＋100（＝500－400）となり、当期の事業活動計算書に示されます。

　当期活動増減差額は、純資産を100増やすことになり、当期の期末における貸借対照表は、資産が100増加したと仮定し、1,100に、負債700、純資産は400（＝300＋100）となります。

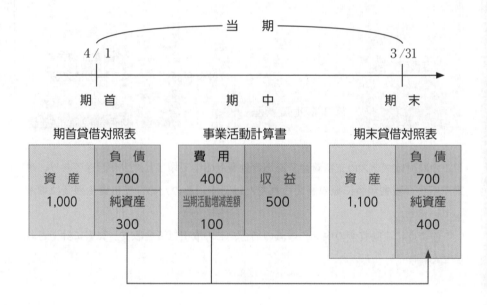

確認テスト

答え：P.122

❶ 次の科目は、それぞれ貸借対照表のどの区分に分類されるか。
適切と思われる区分に〇をつけなさい。

科目	流動資産	固定資産	流動負債	固定負債	純資産
① 現金預金					
② 事業未収金					
③ 事業未払金					
④ 立替金					
⑤ 預り金					
⑥ 車輌運搬具					
⑦ 土地					
⑧ 器具及び備品					
⑨ 仮受金					
⑩ 仮払金					
⑪ 短期貸付金					
⑫ 長期貸付金※					
⑬ 短期運営資金借入金					
⑭ 設備資金借入金※					
⑮ 長期運営資金借入金※					
⑯ 基本金					

※１年以内に回収・返済予定のものはありません。

5

社会福祉法人の計算書類

　営利企業（株式会社など）が獲得した利益は、繰越利益剰余金として純資産に計上し、そこから株主に配当を行いますが、利益の全額を配当金として株主に還元するのではなく、事業の再投資や拡大、将来の損失に備えて、利益の一部を企業内に蓄えておくことが一般的です。このように、**獲得した利益の一部を企業内に蓄えておくこと**を「内部留保」といいます。

　社会福祉法人は、営利企業とは異なり株主は存在しないので、配当も行われません。したがって、社会福祉法人が獲得した活動増減差額がプラスの場合は、社外に流出することなく「内部留保」として蓄積され続けることになります。

　社会福祉法人の「内部留保」については、明瞭に把握ができなかったり、多くの蓄えがあるにもかかわらず事業拡大に消極的だったりと、さまざまな批判がなされてきました。また、社会福祉法人としての不適切な経営などが指摘されたこともあり、2016（平成28）年の社会福祉法改正によって、**純資産の額（資産の額－負債の額）が事業継続に必要な財産の額を超える場合**には過度に内部留保が存在するとみなし、**その超過額を「社会福祉充実残額」とし、社会福祉充実残額が計上される社会福祉法人においては「社会福祉充実計画」**を作成し、所轄庁の承認を得なければならないこととなりました。

（社会福祉法第55条の2）

　「社会福祉充実計画」とは、既存事業の充実および拡大、または新規事業等の立ち上げ等の計画のことで、つまりは、多くの内部留保を蓄えている社会福祉法人はその内部留保額をさらなる社会福祉の充実のために使いなさい、ということなのです。

第6章

日常における取引

この章では、日常の取引についてみていきます。

日常の取引が、どの計算書にどのように影響するか、を意識しみていきましょう。

社会福祉法人の活動を記録しよう

19 日常の取引

取引とは？

　社会福祉法人の運営や日々の事業活動により、「資産」「負債」「純資産」も変動します。

　「資産」「負債」「純資産」に変動をもたらす事象を、会計では「**取引**」といいます。そして日々の取引は帳簿に記録され、帳簿をもとに計算書類を作成します。

　入門では、日常の簡単な取引とそれらの取引がどのように計算書類に反映されるのかを学習していきます。

日常の取引と計算書類との関係

　日常の取引は、以下の３つのパターンのどれかに該当します。

　① 　純資産が変動する取引（収益、費用の発生）

　　⇒ 　事業活動計算書（P/L）に計上

　② 　支払資金残高が変動する取引（流動資産、流動負債の増加や減少）

　　⇒ 　資金収支計算書（C/F）に記載

　③ 　①②のどちらにも該当しない取引（資金間の振替え取引等）

① 純資産が変動する取引

貸借対照表（概要）

→ 事業活動計算書（P／L）へ記載

② 支払資金残高が変動する取引

貸借対照表（概要）

→ 資金収支計算書（C／F）へ記載

③ ①②のどちらにも該当しない取引（資金の振替取引）

貸借対照表（概要）

日常の取引が①〜③のどれに当てはまるかを考えてみると、その取引がどの計算書類にどのように計上されるかを判断することができます。

　では、実際の取引の例を見ていきましょう。

取引　事業収益の計上

老人福祉施設の利用料 400 について、事業未収金を計上した。

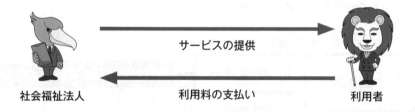

事業未収金（流動資産）の増加　→　資金収支計算書（C／F）へ記載
老人福祉事業収益（収益）の発生　→　事業活動計算書（P／L）へ記載

貸借対照表（概要）

流動資産 ＋	流動負債	→ C／Fへ記載
	固定負債	
固定資産	純資産 ＋	→ P／Lへ記載

取引　事業未収金の回収

事業未収金 400 が普通預金に入金された。

入金確認！

> 普通預金
> 400

事業未収金（流動資産）が 400 減少し、普通預金（流動資産）が 400 増加します。この場合、どちらも流動資産のため、事業未収金が普通預金に振り替えられただけで、流動資産の増減はありません。したがって P/L、C/F への記載はありません。

貸借対照表（概要）

＋ 流動資産 ー	流動負債
	固定負債
固定資産	純資産

取引　給与の支払い

職員給料 30 を現金で支払った。

現金（流動資産）の減少　→　資金収支計算書（C／F）へ記載
職員給料（費用）の発生　→　事業活動計算書（P／L）へ記載

貸借対照表（概要）

取引　預り金の計上

　職員研修における外部講師の謝礼100から10を源泉所得税として預かり、残額は普通預金から支払った。

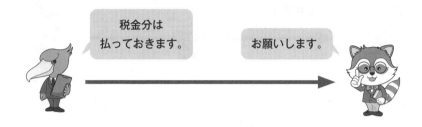

預り金（流動負債）の増加　→　資金収支計算書（C／F）へ記載

研修研究費（費用）の発生　→　事業活動計算書（P／L）へ記載

6

日常における取引

貸借対照表（概要）

流動資産の減少分と
流動負債の増加分との差額

事業未払金の計上

保育事業における食材 100 を購入し、代金は掛け（事業未払金）とした。

事業未払金（流動負債）の増加 → 資金収支計算書（Ｃ／Ｆ）へ記載

給食費（費用） → 事業活動計算書（Ｐ／Ｌ）へ記載

貸借対照表（概要）

取引 事業未払金の支払い

事業未払金 100 を普通預金より支払った。

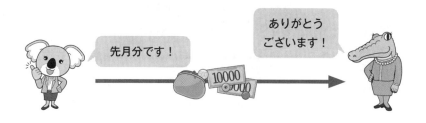

事業未払金（流動負債）が 100 減少し、普通預金（流動資産）も 100 減少します。この場合、流動負債と流動資産がそれぞれ同額減少するため、支払資金残高の増減はありませんので、P/L、C/F への記載はありません。

6

日常における取引

貸借対照表（概要）

流動資産 —	流動負債 —
	固定負債
固定資産	純資産

取引　短期借入金の計上

短期の運営資金として借入金 200 を借り入れた。

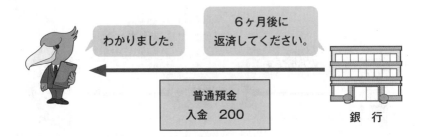

　短期運営資金借入金（流動負債）が 200 増加し、現金（流動資産）も 200 増加します。この場合、流動負債と流動資産がそれぞれ同額増加するため、支払資金残高の増減はありませんので、P/L、C/F への記載はありません。

貸借対照表（概要）

＋ 流動資産	＋ 流動負債
固定資産	固定負債
	純資産

取引　短期貸付金の計上

返済は2週間後の約束で、現金300を貸し付けた。

借用証書
金300貸しました。

　短期貸付金（流動資産）が300増加し、現金（流動資産）が300減少します。この場合、どちらも流動資産のため、現金が短期貸付金に振り替えられただけで、流動資産の増減はありません。そのためP/L、C/Fへの記載はありません。

貸借対照表（概要）

＋　流動資産　―	流動負債
	固定負債
固定資産	純資産

取引 仮払金の計上

職員の出張に伴い、旅費交通費として概算額20を現金で渡した。

現金（流動資産）が20減少し、仮払金（流動資産）が20増加します。この場合、どちらも流動資産のため、現金が仮払金に振り替えられただけで、流動資産の増減はありません。そのためP/L、C/Fへの記載はありません。

貸借対照表（概要）

＋ 流動資産 ー	流動負債
	固定負債
固定資産	純資産

取引　仮受金の計上

普通預金に 40 の振り込みがあったが、内容は不明である。

何だろう？？

> 普通預金口座
> 振込　40

　仮受金（流動負債）が 40 増加し、普通預金（流動資産）も 40 増加します。この場合、流動負債と流動資産がそれぞれ同額増加するため、支払資金残高の増減はありません。そのため P/L、C/F への記載はありません。

貸借対照表（概要）

＋ 流動資産	**＋** 流動負債
	固定負債
固定資産	純資産

職員慰労会の会費として、職員負担分 100 について、立替払いした。

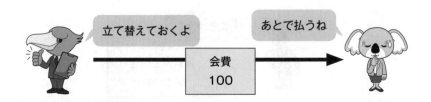

　現金（流動資産）が 100 減少し、立替金（流動資産）が 100 増加します。この場合、どちらも流動資産のため、現金が立替金に振り替えられただけで、流動資産の増減はありませんので、P/L、C/F への記載はありません。

貸借対照表（概要）

＋ 流動資産 －	流動負債
	固定負債
固定資産	純資産

取引　長期借入金の計上

設備資金借入金 3,000 を借り入れた。

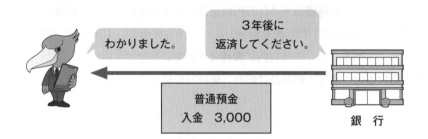

現金（流動資産）の増加　→　資金収支計算書（C／F）へ記載
設備資金借入金（固定負債）の増加

貸借対照表（概要）

長きにわたり使用します

⑳ 固定資産の購入

固定資産とは？

　固定資産とは、**取得価額が10万円以上で、1年以上にわたって使用**するための資産です。「固定資産」は「流動資産」に対応する概念で、1年以内に費用化されるかどうかで判定され、**1年以内に費用化されないもの**です。

　例をあげると、**建物、器具及び備品、車輌運搬具、土地、ソフトウェア等**があります。

　取得価額が10万円以上というのは、取引1単位当たりの価額で判定します。例えば、9万円のパソコンを5台購入して、45万円かかっても固定資産にはなりません。

建　物

土　地

車輌運搬具

器具及び備品

ソフトウェア

コンピュータを機能させるためのプログラムを「ソフトウェア」といいます。

　使用する勘定科目を間違えないように注意しましょう。
　特に車輌運搬具の「輌」。

　固定資産の金額〔＝**取得価額**〕は、固定資産そのものの価格〔＝**購入代価**〕に、購入にあたり支払った**仲介手数料**、**運搬費**、**据付費**など〔＝**付随費用**〕を加えた金額となります。

取 引　固定資産の購入

　施設の送迎用として使用する車輌を 30,000 で購入し、代金は普通預金から支払った。

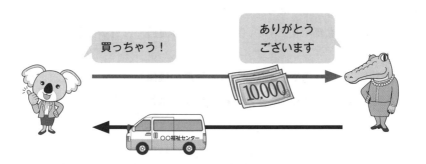

買っちゃう！

ありがとうございます

10,000

○○福祉センター

普通預金（流動資産）の減少　→　資金収支計算書（C／F）へ記載
車輌（固定資産）の増加

貸借対照表（概要）

	流動負債	
流動資産 ー		→ C／Fへ記載
	固定負債	
固定資産 ＋	純資産	

使えば価値は減るんです！

21 減価償却

減価償却とは？

　建物や車輌、備品などの固定資産は、時の経過や使用することにより劣化していきます。

　例えば、10万円のパソコンを購入して5年間使用し、5年後に下取りに出した場合、いくらで買ってもらえるでしょう？

　使い方によっても変わりますが、少なくとも10万円では買ってもらえないでしょう。

　このように、**時の経過や使用により固定資産の価値が減少することを「減価（価値が減る）」**といい、**価値の減少分を費用として計上することを「減価償却」**といいます。

　　建物や車が老朽化することをイメージしましょう。

| 購入時 | 5年後 | 10年後 |

　　固定資産のなかでも、「土地」は使用しても価値が下がらないので、減価償却は行いません。

point

減価償却 … 固定資産の価値の減少分を費用として計上（償却）する手続き

減価償却の計算方法

入門で学習する減価償却の方法は、**定額法**です。

定額法とは、会計期間ごとの減価償却費が同額になる方法です。

減価償却を行ったときは、「**減価償却費（費用）**」で処理します。

超 重要

減価償却費 ＝ 要償却額 × 年償却率*

＊年償却率は $\dfrac{1}{耐用年数}$ で計算していますが、実務では償却率表の償却率を使って計算します。

取引 減価償却費の計算（残存価額なし）

建物（取得原価 5,000）について、残存価額はゼロ、耐用年数は 25 年として、定額法により減価償却を行った場合の減価償却費の金額を求めなさい。なお、年償却率は 0.04 である。

⇒**取得価額：5,000 耐用年数：25 年 残存価額：ゼロ**

処分価値なし…

減価償却費：5,000 × 0.04 ＝ 200

固定資産の減価償却の処理は、通常年 1 回、決算手続きの一環として行いますが、固定資産の取得が期の途中だった場合には、購入日から決算日までの使用月数で月割計算をします。

取引 減価償却費の計算 （期中に購入した場合）

当期の10月1日に購入した建物（取得原価5,000）について、残存価額はゼロ、耐用年数は25年として、定額法により減価償却を行った場合の減価償却費の金額を求めなさい。なお、年償却率は0.04である。

価値が減ってる…

減価償却費：$5,000 × 0.04 × \dfrac{6\,ヵ月}{12\,ヵ月} = 100$

参考 **定額法と定率法について**

固定資産の減価償却方法については、定額法の他に定率法があります。定額法は毎年の償却額が同額になる償却方法ですが、定率法は毎年の償却割合（償却率）を一定とする償却方法です。従って、定率法での償却額は初年度が最も大きく、2年度以降は徐々に償却額が減少することになります。

なお、運用上の取扱いでは減価償却について以下のように規定されています。

16　減価償却について（会計基準省令第4条第2項関係）

(2)　**減価償却の方法**

減価償却の方法としては、有形固定資産については定額法又は定率法のいずれかの方法で償却計算を行う。

また、ソフトウエア等の無形固定資産については定額法により償却計算を行うものとする。

減価償却費の計上と計算書類の関係

減価償却は費用ですが、支出が伴わない費用です。

費用の発生は純資産の減少要因なので、事業活動計算書には計上しますが資金収支計算書には計上されません。

取引 減価償却費の計上

建物の減価償却費 200 を計上した。

価値が減ってる…

建物（固定資産）の減少

減価償却費（費用）の発生 → 事業活動計算書（P／L）へ記載

貸借対照表（概要）

流動資産	流動負債
	固定負債
固定資産 ―	純資産 ― → P／Lへ記載

超 重要

減価償却費は費用となりますが、支払いが発生することはなく、現金などの流動資産が減少することはありません。

減少するのは固定資産となるため、資金収支計算書に計上しません。

確認テスト

答え：P.123

❶ 次の取引につき、資金収支計算書、事業活動計算書のそれぞれに、計上されるものと計上されないものがある。
計上されるものには○、計上されないものには×を記入しなさい。

取引	資金収支計算書	事業活動計算書
（1）給食費を現金で支払った。		
（2）施設で使う文房具を購入し、代金は月末に支払うこととした。		
（3）保育事業における収益を計上し、代金は現金で受け取った。		
（4）介護保険事業における収益を計上したが、代金はまだもらっていない。		
（5）事業未収金が普通預金口座に振り込まれた。		
（6）運営資金に充てるため、銀行から短期的な借入れを行った。		
（7）設備資金として、銀行から長期的な借入れを行った。		
（8）施設運営の経費として、現金で寄附を受取った。		
（9）利用者を送迎するための車を購入し、代金は月末に支払うことにした。		
（10）施設で使うコピー機の減価償却を行った。		

┌─ Column ─┐
認定こども園が増えている！

　「認定こども園」とは、2006年に就学前の児童が通う施設として、「幼稚園」「保育所」に加え3つ目の選択肢として、内閣府によって導入された施設です。

　もともと、幼稚園は3歳にならないと利用できないので、3歳未満の子供を預けて働く家庭では、必然的に保育所を選択せざるを得ませんでした。

　また、幼稚園では標準利用時間が1日4時間程度なので、フルタイムでの共働きの場合もやはり保育所という選択肢しかなかったのです。

　しかし、3つ目の選択肢として登場した認定こども園は、幼児教育を主体とする幼稚園と、児童福祉としての保育主体である保育所の、両方の良さを兼ね備えていると言われています。

　また、認定こども園は「待機児童」問題の解消にも期待されています。

　専業主婦世帯と共働きの世帯の割合は、2000年にほぼ同数となり、2020年には共働きの世帯が専業主婦の世帯の2倍以上になっています（厚生労働白書より）。

　育児休暇制度の導入などにより、出産しても働き続ける選択をする女性が圧倒的に増えてきた中で、認定こども園の存在は、共働き世帯の救世主となるのでしょうか？

資料：内閣府

おわりに……

お疲れ様でした。
入門の学習はこれで修了です。

　入門試験は、社会福祉法人経営実務検定の入り口です。
　ここから、会計3級、2級、1級と登っていく道もあれば、経営管理にチャレンジするという道もあります。
　もしくは、介護福祉士や保育士といった専門職の道に進まれる方（すでに進まれている方）もいらっしゃるかもしれません。

　これからも、社会福祉法人のニーズはますます高まっていくと思われます。
　この本で学習してくださった皆様が、みごとに試験に合格され、さらに次のステップにチャレンジして、いずれ社会福祉法人の運営を支える立場となって活躍していただけたらとても嬉しいです。

ネットスクール　社会福祉法人経営実務検定試験テキスト＆トレーニング
制作スタッフ一同

巻末

確認テスト　　解答解説
サンプル問題　解答解説

社会福祉事業と社会福祉法人

問題：P.9

解答

（1）「社会福祉法人」とは、（　社会福祉事業　）を行うことを目的として、（　社会福祉法　）の定めるところにより設立された法人をいう。

社会福祉法第 22 条

（2）社会福祉法人は、その経営する社会福祉事業に支障がない限り、（　公益事業　）や（　収益事業　）を行うことができる。

社会福祉法第 26 条

（3）（　社会福祉事業　）には、利用者の保護の必要性が高く、主に入所施設などを運営する（　第1種社会福祉事業　）と、それよりも利用者の保護の必要性が低く、主に通所施設や在宅サービスを運営する（　第2種社会福祉事業　）がある。

第2章
社会福祉法人の運営

問題：P.31

解答

（1）　社会福祉法人には評議員会を設置しなくてはならないが、評議員の選任は（　評議員選任・解任委員会　）において行う。

社会福祉法人審査基準　第3　法人の組織運営

（2）　理事長及び業務執行理事は（　3ヶ月　）に1回以上自己の職務の執行の状況を理事会に報告しなければならない。

社会福祉法第45条の16

（3）　理事の選任は、（　評議員会　）の決議によって行う。

社会福祉法第43条

（4）　監事とは、（　理事　）が適正に職務を執行しているかを監査する役割である。

社会福祉法第45条の18

（5）　社会福祉法人を設立しようとする者は（　定款　）に社会福祉法で規定する事項を定め、所轄庁（厚生労働省）の（　認可　）を受けなければならない。

社会福祉法第31条

社会福祉法人の課税制度

問題：P.40

解答

（1）　社会福祉法人の法人税は、原則非課税となるが、（　法人税法上の収益事業　）を行う場合に限り納税義務が生じる。

（2）　社会福祉法人が（　法人税法上の収益事業　）によって得た資金を、同一法人内の社会福祉事業（非収益事業）のために支出をした場合は、（みなし寄附金　）として一定の金額を課税所得より控除し、法人税額を減額することが出来る。

第4章
社会福祉法人の会計制度

問題：P.58

解答

（1） 社会福祉法人は、会計基準省令に従い、会計処理を行い、（　会計帳簿　）、（　計算書類　）、その附属明細書及び財産目録を作成しなければならない。

社会福祉法人会計基準第1条

（2） 社会福祉法人の計算書類は（　正規の簿記　）の原則に従って正しく記帳された会計帳簿に基づいて作成すること。

社会福祉法人会計基準第2条　2

（3） 計算関係書類及び財産目録に記載する金額は、原則として（　総額　）をもって表示しなければならない。

社会福祉法人会計基準第2条の2

（4） 計算関係書類及び財産目録に記載する金額は、（　1円単位　）をもって表示するものとする。

社会福祉法人会計基準第2条の3

社会福祉法人の計算書類

問題：P.91

解答

❶

科目	流動資産	固定資産	流動負債	固定負債	純資産
① 現金預金	○				
② 事業未収金	○				
③ 事業未払金			○		
④ 立替金	○				
⑤ 預り金			○		
⑥ 車輌運搬具		○			
⑦ 土地		○			
⑧ 器具及び備品		○			
⑨ 仮受金			○		
⑩ 仮払金	○				
⑪ 短期貸付金	○				
⑫ 長期貸付金※		○			
⑬ 短期運営資金借入金			○		
⑭ 設備資金借入金※				○	
⑮ 長期運営資金借入金※				○	
⑯ 基本金					○

※１年以内に回収・返済予定のものはありません。

第6章
日常における取引

問題：P.114

解答

❶

取引	資金収支計算書	事業活動計算書
（1）給食費を現金で支払った。	○	○
（2）施設で使う文房具を購入し、代金は月末に支払うこととした。	○	○
（3）保育事業における収益を計上し、代金は現金で受け取った。	○	○
（4）介護保険事業における収益を計上したが、代金はまだもらっていない。	○	○
（5）事業未収金が普通預金口座に振り込まれた。	×	×
（6）運営資金に充てるため、銀行から短期的な借入れを行った。	×	×
（7）設備資金として、銀行から長期的な借入れを行った。	○	×
（8）施設運営の経費として、現金で寄附を受取った。	○	○
（9）利用者を送迎するための車を購入し、代金は月末に支払うことにした。	○	×
（10）施設で使うコピー機の減価償却を行った。	×	○

サンプル問題

解答　総合福祉研究会が公表している問題・標準解答を基にネットスクールで作成しています。

1

①	②	③	④	⑤	⑥	⑦	⑧	⑨	⑩
○	○	×	○	×	×	○	×	×	○

各2点×10問　合計20点

2

①	②	③	④	⑤	⑥	⑦	⑧	⑨	⑩
イ	ア	ウ	イ	ウ	イ	ア	ア	ウ	ウ

各2点×10問　合計20点

3

①	②	③	④	⑤	⑥	⑦	⑧	⑨	⑩
○	×	○	×	×	○	×	×	○	○

各2点×10問　合計20点

4

（1）

貸 借 対 照 表

資産の部		負債の部	
流動資産	360	流動負債	135
現金預金	150	事業未払金	100
事業未収金	200	1年以内返済予定設備資金借入金	35
仮払金	10	固定負債	385
固定資産	2,440	設備資金借入金	385
基本財産	2,200	負債の部合計	520
土地	1,400	純資産の部	
建物	800	基本金	1,600
その他の固定資産	240	国庫補助金等特別積立金	400
建物	180	次期繰越活動増減差額	280 *
器具及び備品	60	純資産の部合計	2,280
資産の部合計	2,800	負債・純資産の部合計	2,800

（2）　支払資金残高　　　　　　260

（1）　各2点×9問
（2）　2点

5

1. 期末要約B／S

資　　産	流動資産	2,890	負　　債	流動負債	1,400
				固定負債	3,000
	固定資産	4,660		負債合計	4,400
				純資産	3,150
資産合計		7,550	負債・純資産合計		7,550

期末支払資金残高 ＝（ 1,490 ）（ 流動資産（ 2,890 ）－ 流動負債（ 1,400 ））

2. 当期P／L・C／F

	摘　　要	P／L	C／F
①	保育事業収益（収入）	400	400
⑤	設備資金借入金収入	－	300
	収益・収入合計	400	700
②	職 員 給 料（支出）	150	150
③	給 食 費（支出）	100	100
④	固定資産取得支出	－	160
	費用・支出合計	250	410
	当 期 差 額	150[*1]	290[*2]

各2点×10問　合計20点

解説

1

①社会福祉法第24条1項

②社会福祉法第22条

③社会福祉法第31条

　　誤：所轄庁に報告しなければならない。

　　正：**所轄庁の認可を受けなければならない。**

④　評議員の選任及び解任の方法については、法第31条第1項第5号において、法人が定款で定めることとされていますが、同条第5項において**理事又は理事会が評議員を選任・解任する旨の定めは無効**とされています。（社会福祉法人審査基準　第3　法人の組織運営より）。

　　そのため、評議員の選任及び解任については法人外部の参加者も参加ができる評議員選任・解任委員会を設置し行うことが望ましいとされています。

⑤社会福祉法第45条の9　6～8項

　　誤：過半数以上に当たる多数をもって

　　正：三分の二以上に当たる多数をもって

　　評議員会はこの法律に規定する事項及び定款で定めた事項に限り、決議をすることができます（第45条の8　2項）。ただし、**決議について特別の利害関係者を有する評議員は、議決に加わることができません**（第45条の9　8項）。

　　また、評議員会の決議は決議に加わることができる評議員の過半数をもって行うとされています（第45条の9　6項）が、**監事を解任する場合においては議決に加わることができる評議員の三分の二以上に当たる多数をもって**行わなくてはならない（第45条の9　7項）と定められています。

⑥社会福祉法第45条の16の3項

　　誤：6ヶ月に1回以上

　　正：3ヶ月に1回以上

⑦社会福祉法第45条の14　4項、第45条の14　5項

⑧社会福祉法第25条・審査基準第2の2（1）ア、イ

　　誤：所轄庁に届出しなければならない

　　正：所轄庁の承認を受けなければならない

社会福祉法人は社会福祉事業を行うにあたり必要な資産を備えなければなりません（第25条）。また、基本財産を処分したり、担保に供する場合には**所轄庁（主たる事務所の所在地の都道府県知事等）の承認を受けなければなりません**（社会福祉法人審査基準第2の2（1）ア）。

⑨社会福祉法人会計基準の制定に伴う会計処理等に関する運用上の取扱いについて

　　16 減価償却について（会計基準省令第4条第2項関係）（2）減価償却の方法

　　誤：**定率法**により償却計算を行うものとする。

　　正：**定額法**により償却計算を行うものとする。

⑩社会福祉法第55条の2

2

① 　社会福祉法第55条の2の4項2号

② 　社会福祉法第26条

③ 　社会福祉法人審査基準　第2法人の資産の2資産の区分

④ 　社会福祉法人会計基準（会計原則）第2条2項

⑤ 　社会福祉法第96条

⑥ 　社会福祉法人会計基準の制定に伴う会計処理等に関する運用上の取扱いについて

　　16 減価償却について（会計基準省令第4条第2項関係）（1）減価償却の対象

⑦ 　社会福祉法第43条

⑧ 　社会福祉法第45条の17

⑨ 　社会福祉法第45条の20

⑩ 　社会福祉法第45条の27

3

① （社会福祉法人会計の基準）第1条

② （貸借対照表の区分）第26条

　貸借対照表は、資産の部、負債の部及び**純資産**の部に区分し、更に資産の部は流動資産及び固定資産に、負債の部は流動負債及び固定負債に区分しなければならない。

③ （資金収支計算書の内容）第12条

④ （事業活動計算書の内容）第19条

　事業活動計算書は、当該会計年度における全ての純資産の増減の内容を明瞭に表示するものでなければならない。

⑤ 資金収支計算書における「差異」の欄は、「**予算**」欄の金額から、「**決算**」欄の金額を差し引いて算出する。

⑦ 社会福祉法人が作成すべき会計帳簿のうち、仕訳日記帳と総勘定元帳が会計の基本的な帳簿であり、これらを**主要簿**といい、書面又は電磁的記録をもって作成しなければならないこととされている。

⑧ 処理すべき科目又は金額が確定しない場合の収入金額を、一時的に処理する勘定科目は**仮受金**である。

⑩ $168,000 \times 0.250 \div 12\,カ月 \times 9\,カ月 = 31,500$

4

（1）　＊資産の部、負債の部、次期繰越活動増減差額以外の純資産の部を記入し、差額で次期繰越活動増減差額を求めます。

（2）　360（流動資産合計）－ 100（事業未払金）＝ 260

　固定資産から振替られた金額（この問題では1年以内返済予定設備資金借入金）については、支払資金に含みませんので注意しましょう。

5

（1）	事 業 未 収 金	流動資産	＋400
		支払資金	＋400
	保 育 事 業 収 益	純資産	＋400
（2）	職 員 給 料	純資産	－150
	現 金 預 金	流動資産	－150
		支払資金	－150
（3）	給 食 費	純資産	－100
	事 業 未 払 金	流動負債	＋100
		支払資金	－100
（4）	車 輌 運 搬 具	固定資産	＋160
	現 金 預 金	流動資産	－160
		支払資金	－160
（5）	現 金 預 金	流動資産	＋300
		支払資金	＋300
	設備資金借入金	固定負債	＋300

純資産の増減と支払資金の増減

		（1）	（2）	（3）	（4）	（5）	計
A	流動資産の増減	＋400	△150	－	△160	＋300	＋390
B	固定資産の増減	－	－	－	＋160	－	＋160
C	流動負債の増減	－	－	＋100	－	－	＋100
D	固定負債の増減	－	－	－	－	＋300	＋300
純資産の増減		＋400	△150	△100	－	－	＋150[*1]
支払資金の増減		＋400	△150	△100	△160	＋300	＋290[*2]

＊1　400（1）－150（2）－100（3）＝＋150

＊2　400（1）－150（2）－100（3）－160（4）＋300（5）＝＋290

索　引

······ Memorandum Sheet ······

······ Memorandum Sheet ······

······ Memorandum Sheet ······

社会福祉法人経営実務検定
書籍ラインナップ

書名	判型	税込価格（予価）	発刊年月
サクッとうかる社会福祉法人経営実務検定試験 入門 公式テキスト＆トレーニング【第2版】	A5 判	1,760 円	好評発売中
サクッとうかる社会福祉法人経営実務検定試験 会計3級 公式テキスト＆トレーニング	A5 判	2,420 円	好評発売中
サクッとうかる社会福祉法人経営実務検定試験 会計2級 テキスト＆トレーニング	A5 判	3,080 円	好評発売中
サクッとうかる社会福祉法人経営実務検定試験 会計1級 テキスト＆トレーニング	A5 判	3,520 円	好評発売中
サクッとうかる社会福祉法人経営実務検定試験 経営管理 財務管理編テキスト＆トレーニング	A5 判	2,420 円	好評発売中
サクッとうかる社会福祉法人経営実務検定試験 経営管理 ガバナンス編テキスト＆トレーニング	A5 判	3,080 円	好評発売中

社会福祉法人経営実務検定対策書籍は全国の書店・ネットスクールWEB-SHOPをご利用ください。

ネットスクール WEB-SHOP

https://www.net-school.jp/

ネットスクール WEB-SHOP　検索

※　書名・価格・発行年月や表紙のデザインなどは変更する場合もございますので、予めご了承ください。(2023年8月現在)

社会福祉法人経営実務検定試験　入門

サンプル問題

ご利用方法

以下の別冊は、この紙を残したままていねいに抜き取りご利用ください。

下の図のように、別冊を開きホッチキスの針を外します。

針を外すさいは、必ず、素手ではなくドライバー等の器具をご使用ください。

なお、抜取りのさいの損傷によるお取替えはご遠慮願います。

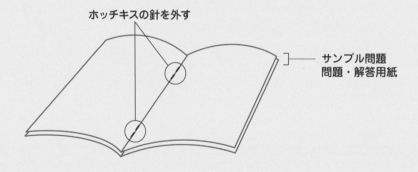

ホッチキスの針を外す

サンプル問題
問題・解答用紙

解答用紙ダウンロードサービス

解答用紙はダウンロードサービスもご利用いただけます。ネットスクールHP
（https://www.net-school.co.jp/）から「読者の方へ」にアクセスしてください。

サンプル問題

社会福祉法人経営実務検定試験

問題用紙

入　門

（令和○年○○月○日施行）

◇ 問題用紙及び解答用紙の指定の欄に試験会場番号・受験番号と氏名を記入してください。

◇ 解答用紙には所属も記入してください。

◇ 受験票を机の通路側に見えるように置いてください。

試験会場番号

入門サンプル問題問題用紙

1 （20点）

下記の文章の内容が正しいものに○、間違っているものに×を解答欄に記入しなさい。

① 社会福祉法人は、社会福祉事業の主たる担い手としてふさわしい事業を確実、効果的かつ適正に行うため、自主的にその経営基盤の強化を図るとともに、その提供する福祉サービスの質の向上及び事業経営の透明性の確保を図らなければならない。

② 「社会福祉法人」とは、社会福祉事業を行うことを目的として、社会福祉法の定めるところにより設立された法人をいう。

③ 社会福祉法人を設立しようとする者は、定款をもって事項を定め、厚生労働省令で定める手続に従い、当該定款について所轄庁に報告しなければならない。

④ この法人に評議員選任・解任委員会を置き、評議員の選任及び解任は、評議員選任・解任委員会において行う。

⑤ 監事の解任決議は、決議について特別の利害関係を有する評議員を除く評議員の過半数以上に当たる多数をもって行わなければならない。

⑥ 理事長及び業務執行理事は、6ヵ月に1回以上、自己の職務の執行の状況を理事会に報告しなければならない。

⑦ 理事会の決議は、決議について特別の利害関係を有する理事を除く理事の過半数が出席し、そ

2 (20点)

下記の文章の（　）に当てはまる文言をア〜ウの中から選びなさい。

① 社会福祉法人は、社会福祉事業及び第二十六条第一項に規定する公益事業を行うにあたっては、日常生活又は社会生活上の支援を必要とする者に対して、（　　　　　）で、福祉サービスを積極的に提供するよう努めなければならない。

（　ア．通常の料金　　イ．無料又は低額な料金　　ウ．高額であっても適正な料金　）

② 社会福祉法人は、その経営する（　　　　　）に支障がない限り、公益事業又はその収益を（　　　　　）若しくは公益事業の経営に充てることを目的とする事業を行うことができる。

（　ア．社会福祉事業　　イ．公益事業　　ウ．収益事業　）

③ 法人の資産は、これを分けて（　　　　　）、その他財産、公益事業用財産及び収益事業用財産の四種とする。

（　ア．流動資産　　イ．固定資産　　ウ．基本財産　）

④ 当法人の会計は、その支払資金の収支状況、経営成績及び財政状態を明らかにするため、会計処理を行うにあたり、（　　　　　）の原則に従って、整然、かつ、明瞭に記録し、計算しなければならない。

（　ア．重要性　　イ．正規の簿記　　ウ．継続性　）

3 （20点）

下記の文章の内容が正しいものに○、間違っているものに×を解答欄に記入しなさい。

① 「会計基準」に定められた計算書類は、貸借対照表と収支計算書をいう。

② 貸借対照表は、資産の部、負債の部及び基本財産の部に分けられる。

③ 「会計基準」に定められた計算書類のうち、支払資金の増加及び減少の状況を明らかにするのは、資金収支計算書である。

④ 「会計基準」に定められた計算書類のうち、純資産の増減の内容を明瞭に表示するのは、貸借対照表である。

⑤ 資金収支計算書における「差異」の欄は、「決算」欄の金額から、「予算」欄の金額を差し引いて算出する。

⑥ 複式簿記では、発生した取引に基づいて仕訳帳に仕訳を行い、その結果を勘定口座を綴っ

4 (20点)

（1）次の科目及びその残高から解答欄のB/S（貸借対照表）を完成しなさい。

現金預金	150	事業未収金		200
設備資金借入金	420	事業未払金		100
（うち1年以内返済予定額）	（35）	仮払金		10
建物（基本財産）	800	土地（基本財産）		1,400
器具及び備品	60	基本金		1,600

（2）（1）で作成したB/Sから支払資金の残高を求めなさい。

5 （20点）

次の期首B/S（貸借対照表）及び期中取引から、期末要約B/S及び当期のP/L（事業活動計算書）並びにC/F（資金収支計算書）を作成しなさい。

1. 期首B/S

資　産		負　債	
流動資産	2,500	流動負債	1,300
固定資産	4,500	固定負債	2,700
		負債合計	4,000
		純　資　産	3,000
		純資産合計	3,000
資産合計	7,000	負債・純資産合計	7,000

期首支払資金残高＝1,200（流動資産2,500 － 流動負債1,300）

2. 取引

(1) 発生した保育事業収益400を未収に計上した。

(2) 職員給料150を現金で支払った。

(3) 食材100を掛買いし未払を計上した。

(4) 乗用車160を現金で購入した。

(5) 設備資金300を借り入れた。

入門サンプル問題問題用紙

注意事項

◇ この問題用紙及び解答用紙の中では、「社会福祉法人会計基準」（平成28年3月31日／厚生労働省令第79号）と、「社会福祉法人会計基準の制定に伴う会計処理等に関する運用上の取扱いについて」（平成28年3月31日／雇児発0331第15号・社援発0331第39号・老発0331第45号）及び「社会福祉法人会計基準の制定に伴う会計処理等に関する運用上の留意事項について」（平成28年3月31日／雇児総発0331第7号・社援基発0331第2号・障障発0331第2号・老総発0331第4号）を総称して、「会計基準」と表記している。解答に当たっては、令和4年4月1日現在の「会計基準」に基づいて答えなさい。

◇ 問題は大問 1 から大問 5 まであるので注意すること。なお、問題文は金額単位を省略して表示しているので、特に指示のない限り、金額を解答する際には単位を省略して算用数字（漢数字や「2千」などの表記は不正解とする）。また、解答がマイナスになる場合には、数字の前に「△」をつけて「△1,000」のように記載すること。

◇ 次の勘定科目は「会計基準」に定められた貸借対照表科目及び事業活動計算書科目の一部である。特に指示のない限り、解答に使用する勘定科目はこの中から選択すること。勘定科目の名称は、下記の通りに記載すること（略字や、同じ意味でも下記と異なる表記はすべて不正解とするので注意すること）。

┌─────────────────────────
│ 貸借対照表科目
└─────────────────────────

（資産の部）

現金預金　有価証券　事業未収金　未収金　未収補助金　貯蔵品　立替金　前払金　前払費用

サンプル問題

社会福祉法人経営実務検定試験

解答用紙

入 門

本サンプル問題は、一般財団法人総合福祉研究会の作成によるものであり、著作権も同会に帰属しております。

なお、本サンプル問題は、書籍制作時点で最新のものではありますが、変更されることともありますので、最新のものは一般財団法人総合福祉研究会のホームページにてご確認ください。

https://www.sofukuken.gr.jp/test-10/

入門サンプル問題解答用紙

1

解答欄

①	②	③	④	⑤	⑥	⑦	⑧	⑨	⑩

1

2

解答欄

①	②	③	④	⑤	⑥	⑦	⑧	⑨	⑩

◇解答欄には解答以外の記入はしないでください。解答以外の記入がある場合には不正解とします。
◇金額は3位ごとにカンマ「,」を記入してください。3位ごとにカンマ「,」が付されていない場合には不正解とします。
◇使用する勘定科目は特に別段の指示のない限り、必ず裏表紙の注意事項に記載の勘定科目を使用してください。同じ意味でも裏表紙の注意事項に記載の科目を使用していない場合は不正解とします。
◇検定試験は各科目とも1科目100点を満点とし、全科目得点70点以上を合格とします。ただし、各級とも、設問のうちひとつでも0点の大問がある場合には不合格とします。

・各科目とも、設問のうちひとつでも0点の大問がある場合には不合格とします。

◇試験時間は9：30から10：30までの60分です。
◇途中退室は10：00から10：20の間にできます。途中退室された場合は再入室することはできません。

なお、体調のすぐれない方は試験監督係員にお申し出ください。

◇試験開始時間までに、
◇問題用紙・解答用紙・計算用紙はすべて回収し、返却はいたしません。
◇問題と標準解答を12月〇日（月）午後5時に、（一財）総合福祉研究会ホームページで発表します。
◇合否結果は1月中旬ごろインターネット上のマイページで各自ご確認ください。なお、個別の採点内容や合格得点等についてはお答えいたしかねますのでご了承ください。
◇合格証書は2月初旬ごろご自宅に発送いたします。

受験番号		氏名	

轄庁に届出しなければならない。

⑨　ソフトウェア等の無形固定資産については、残存価額をゼロとし、定率法による減価償却を実施する。

⑩　社会福祉充実残額がある場合には、社会福祉法55条の2第1項に定める方法により社会福祉充実計画を作成し、所轄庁に提出し承認を受けるものとする。

⑥ ……（……という。）について……（……）については定額法による減価償却を実施する。

⑦ 役員及び会計監査人は、（　　）の決議によって選任する。

（　ア．評議員会　　イ．理事会　　ウ．社員総会　　）

⑧ 理事長は、社会福祉法人の業務に関する一切の裁判上又は裁判外の行為をする（　　）を有する。

（　ア．権限　　イ．責任　　ウ．義務　　）

⑨ 理事、監事若しくは会計監査人（以下この款において「役員等」という。）又は評議員は、その任務を怠ったときは、社会福祉法人に対し、これによって生じた（　　）する責任を負う。

（　ア．費用を弁償　　イ．損失を保障　　ウ．損害を賠償　　）

⑩ 社会福祉法人は、厚生労働省令で定めるところにより、その成立の日における（　　）を作成しなければならない。

（　ア．資金収支計算書　　イ．事業活動計算書　　ウ．貸借対照表　　）

⑦ 社会福祉法人が作成すべき会計帳簿のうち、仕訳日記帳と総勘定元帳が会計の基本的な帳簿であり、これらを補助簿といい、書面又は電磁的記録をもって作成しなければならないこととされている。

⑧ 処理すべき科目又は金額が確定しない場合の収入金額を、一時的に処理する勘定科目は仮払金である。

⑨ 流動負債の部に記載される引当金は、賞与引当金である。

⑩ 令和X年7月10日に業務用のパソコンを168,000で購入し、納入を受けた。令和X年度の定額法による減価償却費は31,500である。ただし、減価償却の計算に際しては、残存価額をゼロ、耐用年数を4年（償却率0.250）とする。

区　分	(1)	(2)	(3)	(4)	(5)	計
A 流動資産の増減			—			
B 固定資産の増減	—	—	—		—	
C 流動負債の増減	—	—	—	—	—	
D 固定負債の増減	—	—	—	—		
純資産の増減				—	—	
支払資金の増減						

7

短期運営資金借入金　事業未払金　その他の未払金　１年以内返済予定設備資金借入金

１年以内返済予定長期運営資金借入金　１年以内支払予定長期未払金　預り金　職員預り金

前受金　仮受金　賞与引当金　設備資金借入金　長期運営資金借入金　退職給付引当金　長期未払金

（純資産の部）

基本金　国庫補助金等特別積立金　次期繰越活動増減差額

事業活動計算書科目

（収益の部）

介護保険事業収益　老人福祉事業収益　児童福祉事業収益　保育事業収益　就労支援事業収益

障害福祉サービス等事業収益　生活保護事業収益　医療事業収益　経常経費寄附金収益

借入金利息補助金収益　受取利息配当金収益　施設整備等補助金収益　施設整備等寄附金収益

長期運営資金借入金元金償還寄附金収益　固定資産売却益

（費用の部）

役員報酬　職員給料　職員賞与　賞与引当金繰入　非常勤職員給与　退職給付費用　法定福利費

給食費　介護用品費　保健衛生費　医療費　被服費　教養娯楽費　日用品費　保育材料費

本人支給金　水道光熱費　燃料費　消耗器具備品費　保険料　賃借料　教育指導費　就職支度費

葬祭費　車輌費　福利厚生費　職員被服費　旅費交通費　研修研究費　事務消耗品費　印刷製本費

修繕費　通信運搬費　会議費　広報費　業務委託費　手数料　土地・建物賃借料

租税公課　保守料　渉外費　諸会費　減価償却費　国庫補助金等特別積立金取崩額　徴収不能額

支払利息　基本金組入額　固定資産売却損・処分損　国庫補助金等特別積立金積立額

該当する項目に☑をご記入ください

所属

□ 社会福祉法人役員　　　□ 会計事務所職員
□ 社会福祉法人（社協以外）職員　□ 公務員
□ 社会福祉協議会職員　　　□ 学生
□ 金融機関職員　　　□ 会社員（役員を含む）　□ その他（　　　　　　　）

受験番号	氏　名	得　点

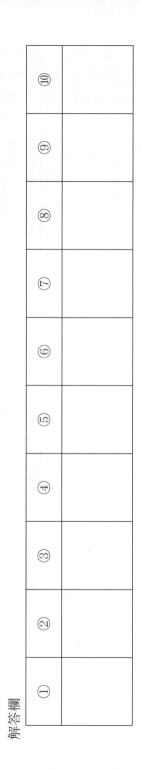

3

2

3

解答欄

① ② ③ ④ ⑤ ⑥ ⑦ ⑧ ⑨ ⑩

資産の部合計		負債・純資産の部合計	

（2）支払資金残高

4	

① 保育事業収益（収入）				
⑤ 設備資金借入金収入	—			
収益・収入合計				
② 職員給料（支出）				
③ 給食費（支出）				
④ 固定資産取得支出	—			
費用・支出合計				
当期差額				

5

5

解答欄

1．期末要約B／S

資　産	流動資産	負　債	流動負債	
			固定負債	
	固定資産		負債合計	
		純　資　産		
資産合計		負債・純資産合計		

期末支払資金残高＝（　　　　　）（流動資産（　　　　　）－流動負債（　　　　　））

2．当期P／L・C／F

解答欄

4

（1）

貸借対照表

資産の部		負債の部	
流動資産		流動負債	
		1年以内返済予定設備資金借入金	
		固定負債	
固定資産		固定負債	
基本財産		負債の部合計	
		純資産の部	
		基本金	
建物		国庫補助金等特別積立金	400
その他の固定資産			
建物	100	次期繰越活動収支差額	